中华精神家园
文化标记

壁画遗韵

古代壁画与古墓丹青

肖东发 主编 · 张学亮 编著

中国出版集团
现代出版社

图书在版编目（CIP）数据

壁画遗韵 / 张学亮编著. — 北京：现代出版社，
2014.11（2020.01重印）
（中华精神家园书系）
ISBN 978-7-5143-3066-3

Ⅰ. ①壁… Ⅱ. ①张… Ⅲ. ①壁画－介绍－中国－古
代 Ⅳ. ①K879.41

中国版本图书馆CIP数据核字(2014)第244366号

壁画遗韵：古代壁画与古墓丹青

总 策 划：陈　恕
主　　编：肖东发
作　　者：张学亮
责任编辑：王敬一
出版发行：现代出版社
通信地址：北京市定安门外安华里504号
邮政编码：100011
电　　话：010-64267325 64245264（传真）
网　　址：www.1980xd.com
电子邮箱：xiandai@cnpitc.com.cn
印　　刷：山东省东营市新华印刷厂
开　　本：710mm×1000mm　1/16
印　　张：11
版　　次：2015年4月第1版　2020年1月第3次印刷
书　　号：ISBN 978-7-5143-3066-3
定　　价：40.00元

党的十八大报告指出："文化是民族的血脉，是人民的精神家园。全面建成小康社会，实现中华民族伟大复兴，必须推动社会主义文化大发展大繁荣，兴起社会主义文化建设新高潮，提高国家文化软实力，发挥文化引领风尚、教育人民、服务社会、推动发展的作用。"

我国经过改革开放的历程，推进了民族振兴、国家富强、人民幸福的中国梦，推进了伟大复兴的历史进程。文化是立国之根，实现中国梦也是我国文化实现伟大复兴的过程，并最终体现为文化的发展繁荣。习近平指出，博大精深的中国优秀传统文化是我们在世界文化激荡中站稳脚跟的根基。中华文化源远流长，积淀着中华民族最深层的精神追求，代表着中华民族独特的精神标识，为中华民族生生不息、发展壮大提供了丰厚滋养。我们要认识中华文化的独特创造、价值理念、鲜明特色，增强文化自信和价值自信。

如今，我们正处在改革开放攻坚和经济发展的转型时期，面对世界各国形形色色的文化现象，面对各种眼花缭乱的现代传媒，我们要坚持文化自信，古为今用、洋为中用、推陈出新，有鉴别地加以对待，有扬弃地予以继承，传承和升华中华优秀传统文化，发展中国特色社会主义文化，增强国家文化软实力。

浩浩历史长河，熊熊文明薪火，中华文化源远流长，滚滚黄河、滔滔长江，是最直接的源头，这两大文化浪涛经过千百年冲刷洗礼和不断交流、融合以及沉淀，最终形成了求同存异、兼收并蓄的辉煌灿烂的中华文明，也是世界上唯一绵延不绝而从没中断的古老文化，并始终充满了生机与活力。

中华文化曾是东方文化摇篮，也是推动世界文明不断前行的动力之一。早在500年前，中华文化的四大发明催生了欧洲文艺复兴运动和地理大发现。中国四大发明先后传到西方，对于促进西方工业社会的形成和发展，曾起到了重要作用。

中华文化的力量，已经深深熔铸到我们的生命力、创造力和凝聚力中，是我们民族的基因。中华民族的精神，也已深深植根于绵延数千年的优秀文化传统之中，是我们的精神家园。

总之，中华文化博大精深，是中国各族人民五千年来创造、传承下来的物质文明和精神文明的总和，其内容包罗万象，浩若星汉，具有很强的文化纵深，蕴含丰富宝藏。我们要实现中华文化伟大复兴，首先要站在传统文化前沿，薪火相传，一脉相承，弘扬和发展五千年来优秀的、光明的、先进的、科学的、文明的和自豪的文化现象，融合古今中外一切文化精华，构建具有中国特色的现代民族文化，向世界和未来展示中华民族的文化力量、文化价值、文化形态与文化风采。

为此，在有关专家指导下，我们收集整理了大量古今资料和最新研究成果，特别编撰了本套大型书系。主要包括独具特色的语言文字、浩如烟海的文化典籍、名扬世界的科技工艺、异彩纷呈的文学艺术、充满智慧的中国哲学、完备而深刻的伦理道德、古风古韵的建筑遗存、深具内涵的自然名胜、悠久传承的历史文明，还有各具特色又相互交融的地域文化和民族文化等，充分显示了中华民族的厚重文化底蕴和强大民族凝聚力，具有极强的系统性、广博性和规模性。

本套书系的特点是全景展现，纵横捭阖，内容采取讲故事的方式进行叙述，语言通俗，明白晓畅，图文并茂，形象直观，古风古韵，格调高雅，具有很强的可读性、欣赏性、知识性和延伸性，能够让广大读者全面接触和感受中国文化的丰富内涵，增强中华儿女民族自尊心和文化自豪感，并能很好继承和弘扬中国文化，创造未来中国特色的先进民族文化。

2014年4月18日

绚丽生辉——殿堂壁画

艺术宝库——石窟壁画

慈航普渡——寺观壁画

古墓丹青——陵墓壁画

壁画主要是指装饰建筑墙壁表面的画，就是用绘制、雕塑及其他造型手法或工艺手段，在天然或人工墙壁上制作的画，分为室内壁画和室外壁画。比如在秦咸阳城发现的比较完整的秦代壁画，是战国中期秦孝公迁都咸阳、营建咸阳宫室时制作，秦咸阳城壁画推进了人们对秦代历史以及当时绘画艺术成就的认识。

壁画被不断应用于历代的宫廷、王府建筑中，增加了这些传统遗产的艺术价值。如泰山天贶殿壁画、西藏布达拉宫的壁画和江南天国各王府壁画等。

殿堂壁画

弥足珍贵的秦咸阳宫壁画

秦始皇画像

秦始皇统一天下后，在政治、经济、文化领域进行了一系列改革，使全国形势发生了巨大的变化，推动了社会的进步。秦始皇还决定在宫殿、衙署、皇陵等建筑内，普遍绘制有壁画，以显示王权，宣扬功业。

考古工作者在秦咸阳城遗址中，发现了比较完整的秦代壁画。这是战国中期秦孝公迁都咸阳、营建咸阳宫室时制作，又在秦统一后维修工程中加以复制或新作的。这批壁画可谓秦代壁画的代表，内容涉及秦文化的许多方面，具有很高的艺术水平。

秦代咸阳宫廷壁画主要发现于第3号宫殿建筑遗址之中，在宫殿西侧的一条南北走向的廊道墙面上，是保存相对完好的壁画长廊。在倒塌的建筑堆积层中，有壁画碎片180余块，经细致查找拼对，可以制成标本的共有162块。

■ 咸阳宫神兽图

壁画按其画面的主题内容，大体可区分为人物车骑、车马出行、动物、植物、台榭建筑、神灵怪异、图案装饰和其他杂画8类。有些画面内容丰富，既有人物也有车马、道路与树木，分类比较复杂。

西侧回廊的东西两壁是成组的长卷轴式壁画，相对比较完整，画廊按两壁排列对称的立柱计算，共有9间，南北全长32.4米，东西宽5米。

东壁上的壁画保存比较完整，从南向北第一间与第二间墙体全毁，壁画无存，第三间仅在墙底保留着少许几何图案边饰。

第四间壁画保存较好，为车马图，画面前后排列3组，各组以四马一车编制，由南向北一组高于一组。在北组与中组之间，两侧各绘有树木立于道路的

咸阳 位于陕西省800里秦川腹地，祖国版图的中心，是我国大地原点所在地，自古就是西部战略重镇。渭水穿南，峻山亘北，山水俱阳，故称咸阳。秦始皇统一全国后，咸阳当时为全国政治、经济、交通和文化中心。

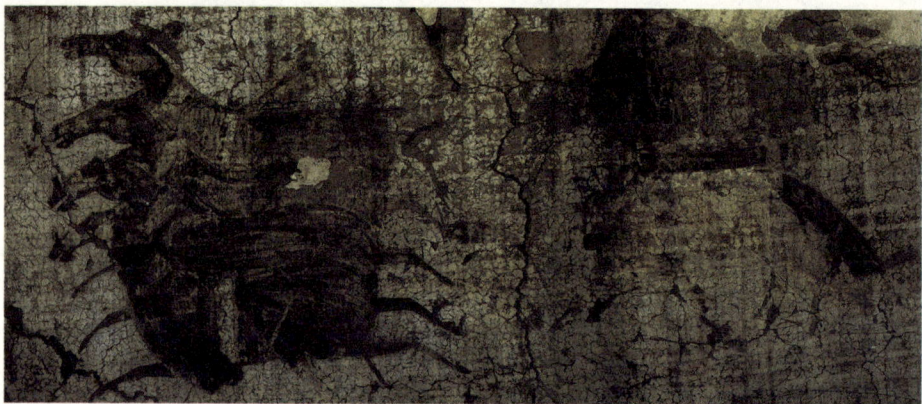

■ 车马图

《周礼》 我国儒家经典，西周时期的著名政治家、思想家、文学家、军事家周公旦所著。它所涉及的内容极为丰富，凡邦国建制，政法文教，礼乐兵刑，膳食衣饰，农商医卜，工艺制作，各种名物、典章、制度，无所不包。堪称上古文化史之宝库。

两边，其中一组成双对称。路右两树为一组，树冠已无遗存，仅留树干。路左也是两树一组，共两组，尚保存完好，型似塔松，枝绿干褐，树冠蓝绿色。

第五间壁画上端与北侧已被破坏，画面存人物11人，以及左右两根由下向上似作交叉的杆状物体。人物分上下两列，均作南北向呈"一"字形排列。前列有人物图像5人，立于南北两侧，南4人北1人。后排为6人，分南北2组朝北呈"一"字形排列，每组3人，各组人间距相等。从人物排列队形与衣服来看，第五间壁画内容为依《周礼》所设的仪仗队的队列。

第六间与第七间均绘有车马的图案，前者分南北两组，均向南奔驰，后者一组，四马一车，也向南奔驰。

第八间的壁画已经剥落殆尽。第九间的图案中心似"山"字形，两边均对称发展出一云纹图案，其外又各发展出一枝麦穗的图案，涂以黑色，被称为"麦穗图"。

回廊西壁也隔成对称的九间，墙上原来应该绘有图画，从遗存可知，西壁绘有车马图、台榭建筑图、人物图、麦穗图、植物及几何纹图案等。

秦咸阳宫西侧画廊出土的壁画中共有车马7套，每套四马一车。这与《诗经·小雅·车功》记载的"四马""四牡""四黄"等每辆车的驾四制度相同。7套马的颜色共计3种：枣红、黄和黑，每套四匹马的颜色是一样的。

壁画中的车共五辆，基本结构相同。车均单辕，每组车马的第一辆车的辕又均较直，而每组车马的第二辆车的辕或较弯曲或斜直。车厢有大小二窗，小窗在前，大窗在后。车伞，黑褐色，顶部前平缓，后高突，上有一桥形耳。

从回廊东壁第四间车马图可以清楚地看到，车马、道路和树木安排在同一画面上，车马在道路上奔驰，道路两旁植以树木。历史文献中记载，秦始皇在兼并六国后修治驰道，通往天下，也就是把秦人原国道制度推广到全国。这可能就是秦国道路的真实写照。

仪仗图分布在回廊第四间东壁，人的形象个体共11人。整个画面可分上下两列，每列又可分南北两组。11人均身着长袍，前裾覆足，后裾曳地。上列左边1人和右边4人，袍较窄瘦，形如汉俑的喇叭口

■ 咸阳宫壁画残块

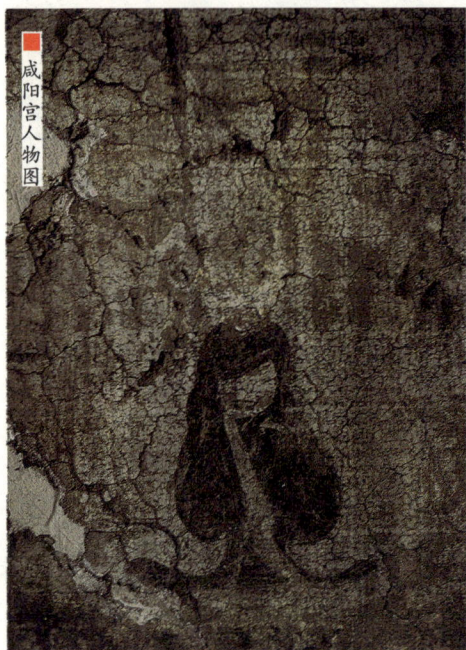

咸阳宫人物图

状。下列6人，可看出袍服者显得身衣更为宽大，襟长曳地如狐尾。

在仪仗图中，从下列6人的头部可以看出它的轮廓，系禽兽之头状。这种人身兽首的人物来充当仪仗，大概即历史文献所记之武士和虎士的形象。

仪仗图中所表现的人物形象、服饰及其颜色，都与历史文献的记载一致，充分说明了壁画的存史价值。

倡优图画像绘于白色壁面上，人物绘制于一个黑色宽带的三角形右侧。倡优头戴风帽，身穿白色缯衣，长袍曳地，白带束腰垂地。脸向前方，跪地回身，双手平举，击打乐器说唱。

《走马骑射图》位于3号建筑遗址2号宫室门道的堆积层中，画面已残缺，但其轮廓线基本清楚。图像绘于土黄色壁面上，画像置于一个约38厘米的黑色三角宽带纹之中。画面人体的下肢和马腹色彩已脱落，武士身着戎装，头戴黑色护耳盔帽，乘骑一匹棕红色健马。同地发现的还有身躯全损的7幅马头，估计同属此类。

武士侧身，左臂前伸，手中持弓；右臂向后弯曲，做挽弓下射状。肩背带有三角形黑色佩饰，两旁饰黑色卷云纹；盔帽黑色平涂，弓箭与人体皆用褚红色线勾勒。

马做缓行状，头高昂，两耳耸立；马嘴微张，臀部有鞧，作黑色；腹下垂两条柳叶形黑带，疑为鞍鞯上的装饰物；其前端有一黑色方形物件，疑为马镫。

壁画遗韵

古代壁画与古墓丹青

这是一幅反映秦人固有的射猎活动图画，如果将它与同时同地图中的野猪和猎犬拼凑在一起，则将是一幅完整的骑马射猎活动图像。

《车马出行图》是绘在3号宫殿建筑遗址西侧回廊的东西两壁的长卷轴式壁画，长达30余米，两层分间绘图，是一幅气势磅礴、震撼人心的艺术巨制。

《车马出行图》画中7套四马一车，在宽阔的道路上奔驰，每套车上的马色完全相同，分枣红、黄与黑3种；十几名着各色长袍、戴武冠的文臣武将分列左右，很可能是一组仪仗队伍；配以宫室建筑、对称树木、麦穗图案及各种几何纹饰，表现的是高规格的秦王出行的阵式，给人以极强的感染力。

在3号遗址宫室1号门道前的倒塌堆积层中，还发现了一幅车马出行的壁画。图像基本保存完整，绘于白色壁面之上；一条黑色宽边一端有卷云纹的菱形方格，作其外框。

画廊第八间东壁和第六间西壁各有一幅"麦穗图"，前者保存较好，后者剥落殆尽。由于画得逼真，从形象上就很容易判断壁画上的作物穗是麦穗。

■ 咸阳宫壁画残块

咸阳宫麦穗图残块

反映出小麦在当时粮食作物中的重要地位。

壁画中除了麦穗这种农作物以外，还发现了少数绘有竹、梅的壁画残块。这些图像对于研究当时咸阳的植物与气候很有帮助。

秦宫壁画是我国现存时代最早也是唯一的秦代宫殿壁画实物，非常珍贵。它们多为宫廷画师、名家巨匠所绘，所以艺术水平很高。

从壁画制作的过程来看，当时的壁画制作已经成为一门成熟的艺术；从画法与色彩方面考察，可以看出绘画技术的多样性，颜料选择的丰富性，给秦宫壁画带来了较高的艺术美感；从构图和形象刻画上看，构图自由灵活，形象生动传神，每一幅都不失为绘画中的精品。秦宫壁画线描的运用特别成功，线条匀称健劲，圆润流畅，不同的形象采用不同形式与颜色的线条来勾勒；壁画用线条绘制出的装饰图案，变幻多端，富有特色。

阅读链接

咸阳秦宫遗址的壁画总体气势颇为煊赫壮观，考古工作者在诸多发现中，还曾挖掘出个别带有宗教色彩的奇禽异兽，这是商周以来精神文化领域蒙昧的产物。

由于历史条件的限制，秦人不可能完全脱离先秦时期的那种宗教神秘感。但不可否认的是，秦宫壁画在题材上完成了一次变革，由宗教神灵走向人间生活，大多内容描绘的是现实生活，体现出写实主义创作精神。与此同时，其技法上也由呆板单调发展为复杂多变，形成了崭新的秦代壁画艺术风格。

高原风格的布达拉宫壁画

西藏的绘画艺术，历史悠久，源远流长。到了7世纪，法王松赞干布统一西藏，西藏绘画艺术进入了繁荣时期。在布达拉宫的建筑艺术成就中，最为突出的就是它的绘画部分，主要表现在壁画、唐卡和其他装饰彩绘方面。

布达拉宫壁画取材多样内容丰富，技法精细，色泽明艳。就壁画题材而言，有表现历史人物和历史故事的，也有表现宗教神话和佛经故事的，还有表现建筑，民俗，体育，娱乐等富有生活气息的内容。

布达拉宫《龙女图》

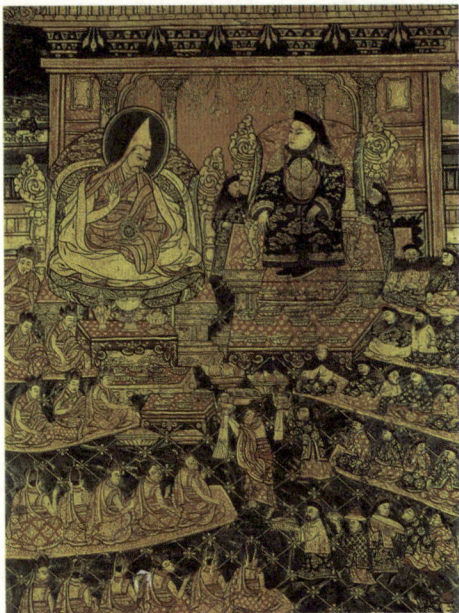
■ 五世达赖觐见顺治帝壁画

如大型壁画"使唐求婚""五难婚使""长安送别""公主进藏"4个部分，生动地记录了唐贞观年间公元641年的唐蕃联姻历史。

又如在红宫的西大殿，还有一组五世达赖朝见清顺治皇帝和十三世达赖进京觐见的历史画面。这些壁画的人物表情生动，栩栩如生，色泽丰富艳丽，布局疏密得当，画面繁而不乱，具有鲜明和强烈的民族特色。

据史载，参加达拉宫内部壁画绘制工程的有近200人，先后用去十余年时间。从整体上说，布达拉宫的壁画既汇集了藏族绘画的精华，又汲取了汉族绘画的构图和运笔，是我国民族艺术宝库中的一颗绚丽的明珠。在漫长的岁月中，数以万计的壁画作品使布达拉宫成为一个名副其实的艺术宫殿。

几百年来，藏传佛教绘画的主体画面没有显著变化，其原因是藏传佛教的传播者按照佛教经典，规定了一整套严格的偶像绘画的度量尺度，画师们只能在这个框架之中发挥和创作。

有鉴于此，布达拉宫的壁画严格按照《绘画度量经》的规定尺寸绘制并灌顶，特别注意了绘画的流派风格和形式特点。

17世纪中期，在对布达拉宫进行扩建时，新修的红宫内的壁画均出自藏传佛教中门唐派和堪孜派画家

藏传佛教 又称藏语系佛教、喇嘛教，是指传入西藏的佛教分支，与汉传佛教、南传佛教并称佛教三大体系。藏传佛教是以大乘佛教为主，其下又可分成密教与显教传承。藏传佛教中并没有小乘佛教传承，但是说一切有部及经量部对藏传佛教的形成，仍有很深远的影响。

之手。门唐派和堪孜派是藏传佛教绘画的两大派别，后来两派逐渐融为一体，称为"门堪派"。

门唐派由多扎杰巴的弟子、西藏山南门唐地区著名的艺人门拉·顿珠嘉措创立。门拉·顿珠嘉措撰有专著《造像量度如意珠》。他所创立的门唐画派具有色彩艳丽、对比强烈、刻画细致和富丽堂皇的特点，被誉为西藏的正统画派。

堪孜派由西藏公嘎岗堆巴地区的堪孜钦姆创立。堪孜派受天竺和泥婆罗的影响较大，具有色彩灰暗、构图饱满、人物造型丰满、装饰性强的艺术风格。

随着时间的推移，在门堪派的庞大系统之中，又出现了各种不同的绘画风格，不仅保持和继承了藏族的传统技艺，而且吸收了印度、尼泊尔和我国汉族的艺术风格，具有独特的艺术韵味。

布达拉宫壁画堪称藏传佛教绘画中的经典之作，表现手法极为丰富。如白宫西日光殿喜足绝顶宫内的屏式人物画像，笔精而有神韵，常与真人等身。在红宫西有寂圆满大殿的壁画中，有采用俯视构图的大幅画面，场面宏大，人物众多，构图饱满，颇为壮观。

■ 布达拉宫《金城公主入藏图》

■ 布达拉宫《大昭寺落成图》

达赖喇嘛 西藏佛教格鲁派中与班禅并列的两大宗教领袖之一。达赖是蒙古语"海"的意思，喇嘛是藏语"上人"的意思。这个称号最初是明代蒙古可汗赠给三世达赖索南嘉措的尊号。1653年，清世祖福临正式册封达赖五世罗桑嘉措为"达赖喇嘛"，承认达赖在西藏的政治和宗教地位。

在白宫西日光殿福足欲聚宫所绘的五世达赖业迹图内采用了散点透视的技巧，整个画面用"之"字形布局，以山石、树木、行云、流水相间，使全图既独立成章又整体连贯。在西日光殿的福地妙旋宫的宝座后壁绘有苏坚尼布国王的故事图，其中就有采用平远透视构图绘成的小幅人物图。

在红宫上师殿和七世达赖灵塔殿内，还有采用正视排列而绘成的千尊佛像，庄严肃穆，富有神秘变幻之感。布达拉宫的壁画由于主要采用了当地的矿物质颜料进行绘制，加之拉萨的充足阳光和干湿适中的环境，保存状况良好，可以在上百年的时间内色泽如新。

布达拉宫壁画不仅题材丰富，而且画面生动，色彩艳丽。其内容除反映了藏传佛教中的各位上师、各种教派的本尊、不同变相的佛和千姿百态的菩萨，同时还反映了藏族社会的历史和生活习俗等。《游牧图》就是当时生活的体现。

自古以来，牧业是藏族的主要生产门类，而牦牛则是牧放的主要牲畜。《游牧图》壁画真实地描绘了牧民的生产生活状况：翠绿的山坡草场、欢跃的牦牛、激流而下的溪水、一顶顶黑色牦牛绒帐篷，以及挤奶牧女、牧羊犬等，无一不是牧区的真实景象。

再如《跳神图》。跳神是寺院在重大宗教仪式时所表演的一种宗教神舞。表演者均为僧人，装扮多种角色，头戴面具，身穿法衣。表演时用鼓、钹、号伴奏。

《修砌图》是一幅绘制在布达拉宫西大殿二层的壁画，描绘了修建布达拉宫红宫的情景。图中的藏式建筑大多系土石木建筑，为一柱顶两梁、四壁托椽子式的纵向受力结构。因此藏式建筑计算房屋大小时，以柱子的多少作为计算单位。一般民居为一柱两梁式或二柱三梁式。大的客厅为四柱六梁式，最小的房屋为一椽跨度，无柱。

从壁画中可见，藏式寺院高层建筑经幢上插有三叉式饰物，起避雷针作用。藏式建筑中除大屋顶外，大多为平顶，四周设有女儿墙。房屋的窗户和房门的两侧都砌成黑框，以增加装饰效果，使其富有轮廓感。此外，黑框还可吸热，提高屋内温度。每年入冬前，屋外墙面都进行一次粉刷，给人一种亮丽而新鲜的感觉。

西藏特有的土石木结构建筑形式早在吐蕃时期就普遍采用。壁画《伐木图》描绘了公元1645年至公元1648年间修建布达拉宫白宫时木料加工的情景。反映了当时西藏的木工工具主要有锯、刨、锛、凿、钻、墨线和角尺等。

再如《河运图》，表现牛皮船这种吐蕃时期来往西藏地区的主要水上交通工具。这种船用坚韧木料做支骨，外蒙由

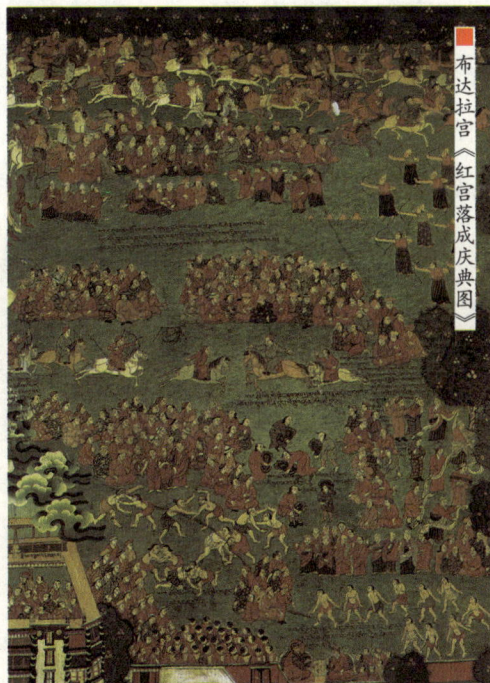

布达拉宫《红宫落成庆典图》

数张牛皮缝合"船壳"，小可以乘三五人，大能乘十多人并可载货，由一个船夫划船兼掌舵。牛皮船下水浸泡后比较湿软，不怕河中礁石撞击，不管河道深浅，都可以划行。

壁画《较力》描绘了进行举石较力的场面。这项竞技起源于藏族先民生产劳动，举抱重物、搬运物件是日常生活的基本活动之一，气力大的人受到人们的赞扬。因而，通过举抱重物来显示气力，自然成为一种娱乐性竞技活动。早在吐蕃时期，举石较力就已盛行。在清代，每年藏历正月，在大昭寺法会场上都要举行规模最大的较力竞技比赛。

还有妙趣横生的《博戏图》，描绘人们在树阴草地上打牌、掷骰子，并有乐队伴奏供应茶水的情景。掷骰子是藏族竞技性娱乐活动之一，与苯教骰子占卜术有渊源，至少有2000多年历史。掷骰子起源于吐蕃时期，道具由1对骰子、3副筹码、60枚小贝壳、1个骰子碗和1块掷垫等组成，2至4人以骰子点数多少和归并筹码快慢来决定胜负。

还有反映藏族民俗的《骑射图》，早在吐蕃时期，射箭已成为民间和官方的竞技比赛项目，它是男子应具备的9项技能之一。这9项技能是指文才、口才、算数、射箭、抛石、跳跃、跑步、游泳和摔跤。前3项为文类技能，后6项为武类技能。骑射比赛是要求骑手在规定的奔跑距离内，对箭靶任发数箭，以中环数的多少决定胜负和名次。

阅读链接

布达拉宫的建筑恢宏博大，气度非凡，布达拉宫的壁画、彩画、雕塑独树一帜，显示了古代藏族人民建筑艺术的优秀传统和高度的艺术成就。

布达拉宫的主要殿堂都是雕梁画栋，金碧辉煌。图案内容有云纹、卷草、缠枝卷叶、宝相花、西番莲、石榴花、法轮宝珠、梵文六字真言、八宝图及佛像、狮、象等各种花纹。彩画的颜色以朱红、深红、金黄、橘黄等暖色为底色，搭配以青、绿为主的冷色，色彩艳丽，对比强烈。

极富特色的江南王府壁画

据文献资料记载，太平天国时期，有专门的艺术机构绣锦衙，里面不仅有民间的画工，更有大批的文人画士。画工画士在这里互相学习交流，从而使宋、元以来分道扬镳的壁画与卷轴画，到此呈现出复合的趋势，创造出辉煌的壁画艺术成就。

位于浙江金华东鼓楼里的太平天国侍王府，建于1861年，是全国范围内保存最完整、绘画最多的太平天国王府。大殿内发现有壁画5

侍王府内的石雕

■《四季捕鱼图》
局部之一

枋 横架在柱头上连贯两柱的横木，称为枋。是我国的传统建筑结构，枋以其位置之不同分为四种：在檐柱上的称为额枋；在金柱上的称为老檐枋；在五架梁上的称为上金枋；在脊瓜柱上的称为脊枋。

幅，西院住宅内发现有壁画63幅。王府内共有壁画119幅，彩画407方。

西院为四进九开间，尤以第二进装饰最讲究，壁、柱、梁、枋均绘壁画或彩画。壁画内容有云龙、丹凤、松鹤、猫蝶、柏鹿、蜂猴、望楼兵营、楼台亭阁、山水花卉等，以及四季捕鱼图、深山采樵图等，画面均有人物。

侍王府壁画结构较为简单，在空心花砖墙体上直接涂抹0.4毫米到5毫米厚的纯白灰层，普遍厚度在1毫米至2毫米左右，而后在白灰层上直接起稿绘制，所用颜料以黑、白、红、绿四色为主，骨胶调制后绘制，属于南方典型的淡彩水墨画，颜料层极薄。

位于侍王府正厅左右两堵墙上的《四季捕鱼图》是这些壁画中的代表作。此画共分春、夏、秋、冬4幅，生动细致地描绘了浙江水乡渔民在不同季节使用不同的捕鱼工具的劳动景象。

《四季捕鱼图》的艺术特点鲜明。它是以黑、白、红、绿四色为主的淡彩水墨设色。从大的结构上讲，壁画基本都是由支撑体、地仗层、绘画层和颜料层组成。壁画的制作工艺与材料是壁画保存状况的决定性因素。

壁画作为我国古代建筑的一种装饰，随着秦汉时期"丝绸之路"的开通而逐渐兴盛，很多稀有的颜料自西域传入中原。壁画使用的颜色种类越来越丰富多样，除石色外，草色颜料及金属色地应用也比较普遍起来。宋代以后更是出现了沥粉贴金，衬托的壁画画面富丽堂皇。

《四季捕鱼图》主要以水墨为主，以墨线勾出轮廓，再以淡墨皴擦，然后用赭石、石绿、石青等矿物颜料略加点染，属典型的南方浅绛山水，其文人画风

017

绚丽生辉

殿堂壁画

■ 《四季捕鱼图》局部之二

壁画遗韵

古代壁画与古墓丹青

■ 侍王府壁画《山中樵夫图》

斧劈皴 山水画技法名。唐代李思训所创，笔线遒劲，运笔多顿挫曲折，有如刀砍斧劈，故称为斧劈皴，这种皴法宜于表现质地坚硬、棱角分明的岩石。以斧劈皴绘制水墨山水，加重了披染，出现水墨苍劲的风格。笔线细劲称小斧劈，笔线粗阔称大斧劈。

格与北方的金碧辉煌相去甚远。

江南气候湿润，特别是长江中下游地区特有的梅雨季节，使得壁画在江南地区不好制作且保存相对困难。由于当时交通条件的限制，稀有颜料不太容易流传至江南，即使有，也因价格高昂而不被广泛使用。

同时，《四季捕鱼图》是具有浙派画风的文人浅绛山水画。它采用传统山水画的艺术表现手法，构图严谨，色彩鲜艳，人物生动传神，为具有清末浙派画风的文人画士所绘。

太平天国艺术不采取卷轴画的形式，而是采取当时卷轴画里最盛行的山水花鸟画来绘壁，从我国绘画发展史来说，无论在历史意义或艺术意义上，都具有重要的研究价值。

文人画士的作品，在艺术表现上提倡"以书法入画，讲究笔墨技巧"，注意诗书画的有机结合。《四季捕鱼图》是侍王府内较典型的文人画，不仅选用了文人画常用的高山、流水、渔隐题材，且构图严谨，结构、比例协调绝非一般民间画工所能及。石头的点染有轻重缓急，线条的运用有粗细变化，甚至出现小斧劈皴的画法，画面按高远、平远、深远的传统山水构图来布局，合应了中国传统文人画的开合、起结、腾潜的美学理念。

据考证，《四季捕鱼图》的作者是被时人称为"长毛画师"的方绍铣。当时的文人雅士争相追踪学习浙派，方绍铣在技法上对浙派有所传承。他的《四季捕鱼图》采用了现实主义的创作方法，这在当时壁画走向衰落的时期是个特例。

清康熙、乾隆年间，以郎世宁为代表的传教士在皇帝的授意下，第一次以官方的形式将西洋绘画与中国画进行了中西合璧的尝试。

在此背景下，以任伯年为首的一批我国近代美术先驱，脱离了几百年来我国绘画"千人一面"的形式主义流弊，开始在绘画中采用现实主义的创作方法。这时的太平天国壁画创作也体现出现实主义创作倾向。

《四季捕鱼图》的4幅壁画均取材于捕鱼场景，

任伯年（1840年—1896年），名颐，浙江山阴人，清末著名画家，"海派四杰"之一。所画题材极为广泛，人物、花鸟、山水、走兽无不精妙。他的画用笔用墨，丰富多变，构图新巧，创造了一种清新流畅的独特风格，在"正统派"外别树一帜。

绚丽生辉

殿堂壁画

■ 侍王府内的石雕

孔雀 鸡形目雉科孔雀属鸟类。在我国被视为百鸟之王，是最美丽的观赏品，是吉祥、善良、美丽、华贵的象征。在东方的传说中，孔雀是由百鸟之长凤凰得到交合之气后育生的，与大鹏为同母所生，被如来佛祖封为大明王菩萨。

■ 堂子街壁画《江天亭立》

细致描绘了当时金华民众的日常生活及岁时节令、婚寿礼仪、渔樵耕作等习俗。

以《夏季捕鱼图》为例，画面峰峦叠翠，平静的湖面泊着几只渔舟，渔夫、鸬鹚，捕捞场景真实生动。小木桥上有一位正担着两筐鲜鱼行走的渔夫，在岸上的渔夫，有举手卷袖的，剖鱼刮鳞的，劈柴的，拿着酒肉呼朋唤友的，不远处泊在松树下的渔船上的渔夫们或吹或鼓或唱。人物造型栩栩如生，形象地描绘出江南劳动者的生活场景，是一幅具有现实主义创作题材和创作方法的优秀壁画作品。

位于江苏省南京市汉中门附近的堂子街88号，是一座古宅，这里曾是太平天国东王杨秀清手下署官的一个衙署。在第三进的墙壁与屏风门上和第五进的木板壁与门楣上，保留下来18幅墨迹清晰、色彩艳丽的壁画。

堂子街的壁画经过100余年的雨淋风化，不少已褪色、剥落，但其中有几幅水墨重彩画，却较好地保存了下来。

如山水方面，描写燕子矶三面悬绝的《江天亭立》，反映栖霞山层峦叠峰的《云带环山》，无不笔触粗犷，意境新奇。花鸟走兽方面有《荷花鸳鸯》《柳阴骏马》《金狮戏球》《双鹿灵芝》《孔雀牡丹》。

直接反映军事斗争题材的首推《防江望楼》，生动地反映了天京军民时刻以战斗姿态保卫着首都安全真实情景，具有较高的历史和艺术价值。

此外，苏州太平天国忠王府后殿板壁上方也有壁画9幅，内容有山水、花鸟、走兽，不画人物，梁枋上有彩绘装饰。

忠王府壁画画风与南京堂子街壁画相似。图中人物意态生动，景致优美，笔法流畅而苍劲，有南宋人遗规。其章法结构又颇受北宋和金代画法的影响，并且具有文人画的某些特色。

忠王府壁画人物衣纹勾描娴熟，花卉竹石线条洗练，尤其梅花、竹石作为单幅画面的出现，在前代壁画中极为罕见。

总之，江南王府壁画代表了整个太平天国时期的壁画艺术，反映了当时的画家高超的绘画技巧，是我国壁画史上的杰出作品。

堂子街壁画《云带环山》

阅读链接

太平天国早在广西永安就有绘制壁画的传统。建都天京，壁画更为讲究，政权内部还专设绘画机构"绣锦衙"。侍王府的壁画绘制过程中，少不了一些名画家的参与，方绍铣就是其中之一。

方绍铣当时年仅20岁，他兄弟四人都参加了太平军，方绍铣就在侍王部绘军旗和壁画，也曾随军到苏州、杭州、绍兴等地绘过壁画。1921年，已经80余岁的方绍铣为缅怀太平天国英雄们，怀念自己的青春时代，饱含深情地画了一幅《英雄图》。

雕梁彩栋的泰山天贶殿壁画

雄伟的泰山，位于我国山东泰安中部。主峰玉皇顶海拔1545米，气势雄伟磅礴，享有"五岳之首""天下第一山"的称号。自古以来，我国人民就崇拜泰山，古代的文人雅士对泰山更是仰慕备至，纷纷前

来游历，作诗记文。

1008年10月，宋真宗自汴京出发，千乘万骑，东封泰山，改乾封县为奉符县；封泰山神为"天齐仁圣帝"；封泰山女神为"天仙玉女碧霞元君"；在泰山顶唐摩崖东侧刻《谢天书述二圣功德铭》。

宋真宗封禅泰山之后，在泰山上修建了山东最伟大的行宫建筑，大殿名天贶殿，殿内及四周回廊均让当时画师绘有壁画。

天贶殿屡经历代废兴，回廊早已无有，大殿也经过多次的改建，但现在的规模仍然非常庄严伟大，并保存有精美的壁画，为山东寺庙中仅存的巨幅壁画杰作。

在天贶殿神龛两旁的东西山墙上，有两幅巨大的壁画，高1丈以上，长十丈以上，内容系东岳大帝巡行故事。东部描写大帝从宫中出巡，名曰《启跸

■ 山东岱庙全景

《启跸图》

东岳大帝 又称泰山神。根据我国古老的阴阳五行学说，泰山位居东方，是太阳升起的地方，也是万物发祥之地，因此泰山神具有主生、主死的重要职能。泰山神作为泰山的化身，是上天与人间沟通的神圣使者，是历代帝王受命于天，治理天下的保护神。

图》；西部描写大帝回宫，名曰《回銮图》。两幅画合称《泰山神启跸回銮图》。

在两幅画高度的三分之二以下，为大帝及随从人物；在高度的三分之二以上为山石树木建筑物等补景。其场面之宏大与内容之繁复，在古代壁画中尚属少见。

东部《启跸图》自神龛之东向东展延，转南山墙，所画次序如下：殿中侍者8人，墀下卫士上下16人，树石童子2人，桥上送行学士18人，侍者2人，东岳大帝坐四轮6马大辇，执辕马者2人，辇后护卫文武人员109人，文官执笏，1有髯人坐8人亮轿，1红袍青年坐8人亮轿，左右并进，各有执伞者8人，狮子2头，背驮宝瓶，索狮者各1人，白象1头，1人骑捧宝瓶，瓶口有五彩光气上升，牵象者1人，左右卫士4人，骆驼2峰，牵者2人，麒麟2匹，骑者2人。

在仪仗队中，有步行两行32人，树前骑士10人，北壁至此止，骑士4人，仪仗队步行32人，上行中2

人，骑士4人，大树1株，树前骑马军乐队24人，麒麟2匹，骑者2人，供桌1张，上设金如意，左右侍者8人，夜叉2人，迎驾之官22人，夜叉伏虎2人，1红面官，夜叉侍者1人，东墙至此，自大树至此约四丈，全图共299人。

西部《回銮图》自西山墙南端向北转至北墙神龛旁。画中计送驾文武官22人，侍者2人，长髯2人，夜叉侍者2人，文武护卫6人，夜叉2人，抬虎夜叉2人，夜叉侍者2人，远景廊下5人，密集骑士不易数清，约100人。

东岳大帝坐辇执圭，御者4人，骑士4人，执伞1人，坐8人轿者2人，狮子2头，侍者2人，骑士4人，武骑士4人，白象1匹，执宝瓶骑者1人，牵者1人，大树1株，骆驼2峰，各负画轴，牵者2人，麒麟2匹，骑者2人。

桥上有仪仗队28人，马2匹，牵者2人，武士骑

■《回銮图》局部

■ 泰安岱庙天贶殿

麒麟 我国传统祥兽。神话传说是龙牛杂交所生，是我国古籍中记载的一种神物，与凤、龟、龙共称"四灵"，是神的坐骑，古人把麒麟当作仁宠，雄性称麒，雌性称麟。在我国传统民俗礼仪中，被制成各种饰物和摆件用于佩戴和安置家中，有祈福和安佑的用意。

兵20人，执大旗者2人，军乐队8人，旗队5人，麒麟2匹，骑者2人，扛旗夜叉2人，迎驾文官8人，侍者2人，乐队16人，仪仗队16人，宫中如宦者12人。回銮图共331人。

《启跸图》和《回銮图》共画有630人，其他的有马匹、骆驼、狮子、麒麟、白象各若干，并补以山石树木、桥梁、宫殿及一般建筑物。如此巨大的壁画毫无隙地，而布置井然，疏密相间，繁而不乱，多而不杂，从构图上说，也不失为伟大精密的作品。

壁画的上下两部分各有不同。上部多为建筑物，样式颇似苏州一带的弄堂房子，绝非北方所有，画法均用西洋画的透视画法，每幢房子有焦点，近大远小，倾斜度数颇大，显然是清初西画传入后的作品。

下部人物在主题方面为传统旧法，宫殿桥梁全用我国传统的均角透视，人物前后远近亦无大小之分。人物面部除一小部分侧面外，多用正面七分面，面部尚有变化，大部分有表情，衣纹铁线描，色彩平涂无润染，用笔严谨，但不够挺拔。至于山石树木，则用笔草率，与顶上建筑物作风不一致。

事实上，泰山壁画的创作历史，可追溯到唐宋时期。唐代壁画渐盛，五岳各庙多有大型壁画出现。及至宋代，各地寺庙竞绘壁画，蔚成风气。

宋代诗人苏辙的诗作《岳下》，是关于泰山壁画的最早记录。诗中写道：

> 登封尚坛墠，古观写旗队；
> 戈矛认毫末，舒卷分向背。

另据《宋朝名画评》载：时中岳天封观东西壁有《圣帝出队入队图》，分别出自著名画师武宗元、王兼济的手笔。与之题材及艺术风

■《启跸图》局部

格相同的《启跸图》和《回銮图》，其创构时代亦应上溯到宋代，是宋代的巨幅壁画，天贶殿壁画出现后，千余年来曾随庙宇历尽劫波：金大定之火，贞祐之兵，元至元之乱，明宣德、嘉靖之灾，清康熙之震，庙殿屡建屡毁。故唐宋原图业已湮灭无存，后世所传之图，则为1678年重修岱庙后所制。

据清康熙《重修岱庙履历记》碑记："大殿内墙、两廊内墙俱使画工画像。"又据泰安大汶口《刘氏族谱》载："刘志学，善丹青，泰邑峻极殿壁画，即其所绘。"据此可知，后世壁画出自泰安民间画工刘志学等人之手，此后清乾隆、同治间又经重描。

对于天贶殿壁画的艺术成就，清乾隆朝有人赞曰："松柏那论旧，丹青尚著新。"清嘉庆朝诗人张鉴也曾题咏壁画："石坛古柏来风雨，画壁群神奉敦盘。"

天贶殿壁画历经千载，经营数代，最终形成了这幅规模宏大、气势恢弘的艺术长卷，引起世人的惊叹，也在我国壁画史上占有重要的地位。

壁画遗韵

古代壁画与古墓丹青

阅读链接

民间传说，宋真宗封禅以后，下诏修建天贶殿。建好以后，需要画一幅壁画，便招募天下画家来为泰山神作像，但都不合圣意。后来有一个聪明的画家，仿照宋真宗封禅泰山的情景创作了一幅壁画，这就是天贶殿内的《泰山神启跸回銮图》。宋真宗非常高兴，重赏了画家。

《泰山神启跸回銮图》由《启跸图》和《回銮图》两部分组成，描绘的是中国古代传说中泰山主神东岳大帝巡游天下的情景，气势恢宏、场面壮观，充分展现了泰山神的威严之姿。

石窟原是一种佛教建筑形式，佛教提倡遁世隐修，因此僧侣们选择幽僻之地开凿石窟，以便修行之用。

我国石窟从汉代佛教传入时开凿，而北魏至隋唐，是凿窟的鼎盛时期。这个时期，黄河流域是政治、文化、经济的中心，敦煌莫高窟、麦积山石窟、云冈石窟等都在这一时期出现。

石窟壁画艺术取材于佛教故事，融汇了我国绘画的传统技法和审美情趣，反映了佛教的思想及其汉化过程，是研究我国社会史、佛教史、艺术史及中外文化交流史的珍贵资料。

艺术宝库

石窟壁画

文化内涵丰富的敦煌壁画

　　盛大辉煌的敦煌莫高窟，有着悠久的历史和灿烂的文化，它从春秋战国时期开始繁衍壮大，至隋唐达到极盛。敦煌艺术在不同的历史时期也展现出不同的艺术风格，不仅石窟雕塑为我国佛教瑰宝，更以

敦煌壁画反弹琵琶

其壁画栩栩如生而引人入胜。

■ 第272窟北壁的
《飞天》壁画

敦煌莫高窟的四壁，都是与佛教有关的壁画和彩塑，肃穆的佛像、飘舞的飞天，神秘庄严的气氛，令人屏声敛息。最引人注目的，要数其中数量庞大、技艺精湛的壁画艺术。

敦煌壁画中的供养菩萨与敦煌壁画同始同终，北凉的洞窟内这一形象随处可见，其静时的姿态主要有坐、跪、胡跪3种。

北凉壁画人物手中经常持有花或供器，也有双手合十的，还有的将供养菩萨画成舞蹈或奏乐的状态，总之造型各异，姿态万千。

第272窟供养菩萨的姿态有持花、徒手或坐或跪于莲台之上，并都做舞蹈状，以表示听佛说法时产生的欢欣鼓舞的热烈场面。其特点是40个小菩萨的舞姿竟无一雷同，从而保留下来古代的40个舞蹈动作。

胡跪 原为西域少数民族半蹲半跪的一种姿态，后来演变为一种佛教礼节，古代僧人跪坐致敬的礼节，右膝着地，竖左膝危坐，倦则两膝姿势互换，又称互跪。

■ 敦煌壁画

箜篌 十分古老的弹弦乐器，最初称"坎侯"或"空侯"，在古代除宫廷雅乐使用外，在民间也广泛流传，在古代有卧箜篌、竖箜篌、凤首箜篌三种形制。历史悠久、源远流长，音域宽广、音色柔美清激，表现力强。

由于日久年深，人物身上的晕染、线条都发生了变色反应，使其更显得粗犷豪放。这些婀娜多姿的供养菩萨引起了普遍的猜测。

第275窟南壁中部的佛传故事，主要表现的是释迦牟尼成佛的因缘。整个画面采用汉晋传统形式的横卷连环画形式，人物和景物不分远近，平列构图。人物形象服饰则明显受西域画风的影响，显得较为古朴粗犷。

壁画中太子遇老人与出家人两情节保存较好，均是太子骑马从城门中出，前有伎乐弹箜篌、琵琶引导，下有侍从百姓礼拜，上有飞天散花相迎。

图中右侧情节为遇老人，老人发、眉、须皆白，面容憔悴，弯腰弓背，老态龙钟，仅着短裤，似正在向太子行礼。

左侧为遇僧人之情节，僧人着右祖袈裟，面容饱满，姿态自然潇洒，左手握袈裟，其健康超脱与老人形成鲜明对比。

北壁绘佛本生故事，是释迦牟尼成佛前，前生累世行善的故事。此窟的这类故事很有代表性，主人公都是佛祖释迦牟尼的前世，体现了他过去为求法不惜施舍眼睛、头颅、身体甚至生命的自我牺牲精神。此图仍采用横卷式连环画形式，自西向东排列。

《毗楞竭梨王身钉千钉》，故事讲毗楞竭梨王喜好妙法。图中劳度差一手执钉、一手挥锤，正向毗楞竭梨王身上钉钉。国王神态安详，似乎正沉浸在听闻法语的喜悦当中，完全忘记身钉千钉的痛苦。

《尸毗王本生故事图》，画面上尸毗王垂下一条腿坐着，有人用刀在他腿上割肉，另有人手持天平，在天平的一端伏了一只安静的鸽子。

尸毗王本生是北魏佛教壁画和一部分浮雕中流行的许多故事之一，这些故事都是说佛的前生如何为救助旁人而牺牲自己的故事，借以宣传佛教教义。

《月光王施头》讲的是月光王仁明慈悲，救济贫困，爱民如子的故事。此图也是由两个画面组成，左侧月光王端坐于束帛座上，用左手指自己的头，面前有一侍者跪捧托盘，盘上有3个人头，表示月光王在前世已经布施过很多次头颅了。右侧月光王以发系于树上，身后一刽子手举斧欲砍，表示任劳度差砍头的情节。

《快目王施眼》，故事讲

快目王施眼本生画

《尸毗王本生故事图》

的是富迦罗拔城，有一名叫快目王的国王，眼睛明亮，心地慈祥，喜好施舍，得到了众人的赞扬。人物造型体态健壮，用晕染法来表现立体感，人物形象均以土红线起稿，敷色后以深墨铁线定型，线描细劲有力。

敦煌莫高窟北魏洞窟以精彩绝伦的连环画取胜。第254窟和第257窟的壁画比较丰富，第254窟的《尸毗王本生故事图》《萨埵那太子本生故事图》和第257窟的《鹿王本生故事图》是有名的北魏代表作。

《尸毗王本生故事图》正中的尸毗王形体高大，把画面一分为二。被割肉的小腿抬起，尸毗王目视血淋淋的伤口，使割肉主题一目了然。周围较小的画描写了鹰追鸽、鸽向尸毗王求救、眷属痛苦等情节，增大了内容和时空跨度。

由此可见，构图把不同时空范围内发生的故事情节有机地结合在一个画面上，使画面中心突出，容量增大，有条不紊，显示出了高超的结构才能和画艺。不愧是莫高窟最完美的本生故事组合式画。

《萨埵那太子本生故事图》把太子刺颈流血，舍身投崖，饿虎围食，两兄悲号报信，国王王后悲泣、收骨、造塔埋骨诸情节严密压缩在同一画面。

摩诃萨埵那太子"舍身饲虎"题材常见于早期佛教壁画中。人物安排交错有序，构图紧凑迫塞。整个画面以因年久变调而深邃难名、忽明忽暗的棕黑色为主，人体用粉色烘托，与散布其间的或平实庄严，或灵动蜿蜒的各种形状的青灰色、紫灰色、酱红色纠缠在一起，形成逼面而来的幽冷沉重、阴森凄厉的气氛。一条条深沉的黑线和轻如游丝的白线繁复多变，穿插其间，把人、神、虎、山、草、木连在一起，使不同时间、不同地点发生的事都围绕着勇猛救虎的主题组织在一起，展示给人们一个完整的故事情节。

虽然故事本身具有鲜明的纯粹性，但观者不得不折服其高超的压缩时空的处理手法，为其造成的严肃、悲壮的感染力所震慑。

《鹿王本生故事图》是用一长条横幅展开了连续的情节。说的是古代有一头美丽的九色鹿王救了一个落水将要淹死的人反被此人出卖的故事，也有人说它是佛的前身。

《鹿王本生故事图》的横卷式构图，以及每一段落附有的文字榜题，都说明传统绘画在新形成的佛教美术中的重要作用。

《萨埵那太子本生故事图》和《鹿王本生故事图》这两幅本生图在风格上，特别是人物形象，具有和第272窟和第275窟壁画同样强烈的独特风格，但也明显地承袭了汉代绘画的传统，如树木、动物、山林、建筑物等。

《鹿王本生故事图》

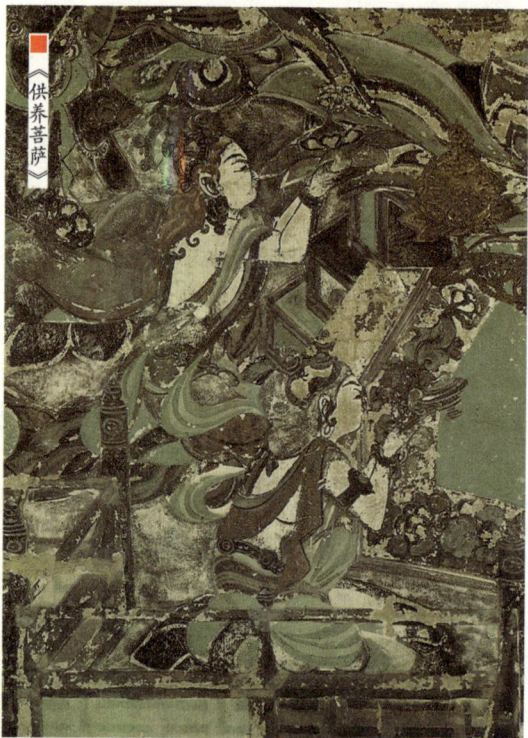

《供养菩萨》

到了隋代，洞窟的佛教故事画表现丰富，出现很多生活景象的具体描写，都是简单而有真实感，构图也比较复杂并多变化。可以说，隋代壁画是佛教美术的进一步成熟。

唐代敦煌壁画的题材，大致可归纳为四类：净土变相、经变故事画、佛、菩萨等像和供养人。其中净土变相的构图是绘画艺术发展中一重要突破，利用建筑物的透视造成空间深广的印象，而复杂丰富的画面仍非常紧凑完整。

莫高窟的唐代净土变相共有125幅，第172窟的净土变相可以作为盛唐时代的代表作之一。

净土图的形式也是观经变相、弥勒净土变相、药师净土变相、报恩经变相的基本部分，但这些变相又各有其自己的内容表现在净土图的四周。其中有一些是生动的小幅故事画，用连续的小幅故事画表现其内容，并获得了具有相当艺术效果的佛经变相，有佛传故事变相和法华经变相。

弥勒净土变相就是在净土图四周再点缀上弥勒描写过的峰峦，图下方有婆罗门正在拆毁"大宝幢"的建筑物，穰佉王等众人正在剃度出家等所组成的。

观经变，除中央部分是净土图以外，其特殊的内容是"未生怨"和"十六观"。

未生怨是用连续故事画表现频婆娑罗王为了求子先杀了一个修道之士，又杀了修道之士投生的白兔，结果生了阿阇世太子，但太子长大后却把父王囚禁起来，并要拔剑杀母后。

十六观是表现看着太阳、月亮、水、地、树、宝池、楼台等16种不同事物下的静坐冥想。

药师净土变的特殊内容是用一系列的小幅画表现的药师佛十二大愿。

法华经变和报恩经变的内容和表现都比较丰富。报恩经九品中有四品常见于图绘：孝义品、论议品、恶友品和亲近品。

《法华经》的内容也是常见于图绘的。在一类似净土图的构图中，在主尊释迦之前有七宝塔和入涅槃的佛，下面是一所火烧的房子，譬喻人之不知求佛，犹如处于此着火的房子中的孩子们一样，大人告诉他

药师佛 又作药师如来、药师琉璃光王如来、南无琉璃世界光王如来、大医王佛、医王善逝、十二愿王。为东方净琉璃世界之教主。其形象是，左手执持药器，又作无价珠，右手结三界印，身着袈裟，结跏趺坐于莲花台，台下有十二神将。

■ 弥勒上生经变图

■ 法华经变画

维摩诘 音译，详称为维摩罗诘，或简称维摩，旧译净名，新译无垢称，维摩居士自妙喜国土化生于婆婆世界，示家居士相，辅翼佛陀教化，为法身大士。他勤于攻读，虔诚修行，能够处相而不住相，对境而不生境，得圣果成就，被称为菩萨。

们门外有各种好玩的东西，他们才肯出来。

左下方画清洁扫除的景象，其上是农夫在雨中耕作，再上是人之求法不能坚持，犹如旅行者人马疲惫，他们的道师便在青山绿水之间，变化出一座美丽的城市作为目标，促使他们继续前进。

上方中央从地涌出七宝塔，中间坐了释迦和多宝二佛，图的右侧是净藏、净眼二王子为种种奇异变化等。

《维摩诘经变》是维摩诘和文殊菩萨论辩时的种种景象，以及各国王子来听的热闹场面。维摩诘激动的富有个性的面部表情被刻画了出来。维摩变的左右两下角绘有相当于当时流行的帝王图和职贡图的题材。

绘画和雕刻中的佛、菩萨等像在唐代的佛教美术中是一重要创造。这些宗教形象在类型上比前代更增加了，这形象所表现出来的动作及表情也更多样化了，出现了多种坐、立、行走、飞翔中的生动姿态。

佛像一般很少有表情流露在外，着重内在的精神力量的蕴蓄，处理得较好并体现了时代的美的典型。菩萨像往往有丰腴艳丽的肉体的表现，色彩鲜明，单线勾出肉体富有弹性的柔软和浑圆的感觉，具有平静的安详的内心精神状态，呈酣睡或冥想的神态，并以多种多样的姿势变化表现各种轻巧细致的动作，全身动作有一致性。

文殊、普贤相对称，又各相独立构图，也是常见的。在画面中，所有的人物及其动作统一在行进的行列中，伞盖等物也表现了行进中的轻微的动荡，文殊的坐骑像"犼"，牵引坐骑的"拂菻"，普贤的坐骑象，牵引坐骑的"獠蛮"，都以其有力的形象表现了文殊、普贤的法力。

唐代的罗汉有多种面型，其中最年长的是迦叶，最年幼的是阿难，这两个罗汉常见于如来佛的两侧，表现出两种不同的性格，其他的罗汉可见于涅槃变中，表现出处于剧烈的痛苦之中，而有着异常夸张的表情。

天王、金刚力士等形象着重男性强健力量外部的夸张表现。描写全身紧张的筋肉，有着强烈的效果。天王和金刚一般都是在佛和菩萨的

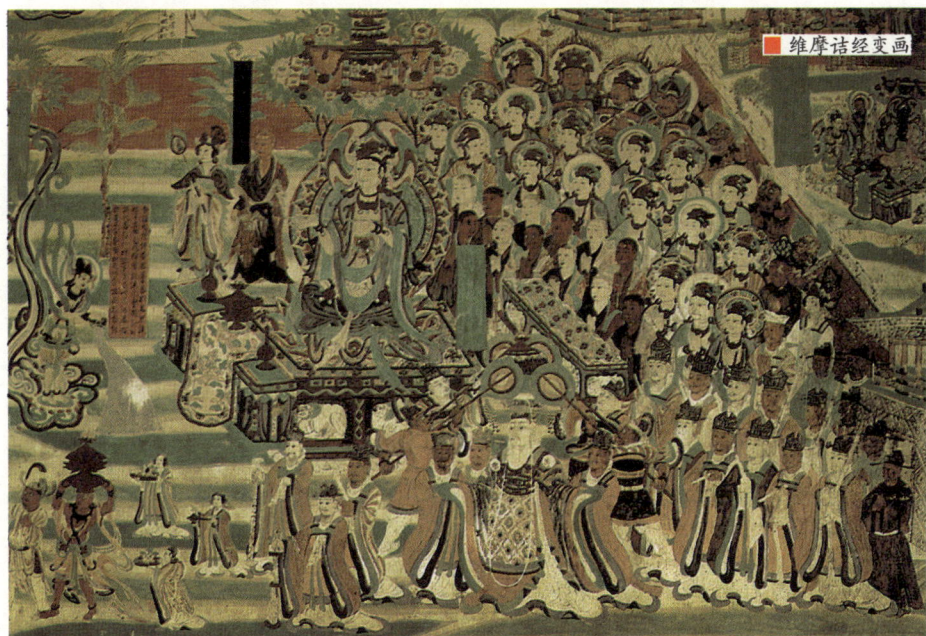

维摩诘经变画

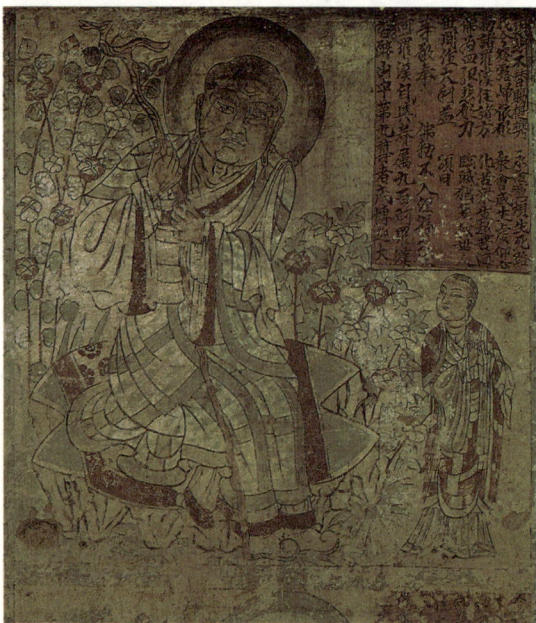
■ 敦煌罗汉壁画

周围，但也有独幅的，以天王为主神的构图。

毗沙门天为唐代战神，所以单独成为崇拜的对象。画面上有战斗的气氛，旗帜及飘带表现了气流运动和人物动作的一致，海水表现出广阔的空间，侍从中的怪脸综合了动物面相的特征和人的表情特征而创造的形象，时常出现在唐代壁画中。

供养人像则是描写真正的现实人物，但也按照这一时代的健康审美理想加以美化。第130窟盛唐时期乐庭瓌和他的妻子王氏的供养像是优秀的代表作。

女供养像和菩萨像在脸型上有共同点。唐代供养人的地位在壁画中逐渐重要起来，尺寸较大，而且是作为独立的作品加以精心描绘的，中唐以后在描绘供养人的壁画中，有进一步夸耀供养人豪贵生活的作品。

敦煌莫高窟不仅有大量佛教作品，以佛的美善感召世人，也有着许多鲜活生动的风俗画卷，记载了我们先人前进的脚步。

婚礼图记载了我国古代的婚嫁风俗，这种壁画一般都存在弥勒经变里。据统计，莫高窟中描绘婚礼图共计38幅，主要形成于盛唐至北宋的300年间。

婚礼图中较为优秀的有盛唐年间的第445窟、第148窟，晚唐年间的第9窟、第20窟和第156窟等。

供养人 指因信仰某种宗教，通过提供资金、物品或劳力，制作圣像、开凿石窟、修建宗教场所等形式弘扬教义的虔诚信徒。后世也指那些出资对其他人提供抚养、赡养等时段性主要资助的个人或团体。

第445窟的婚礼图画在北壁弥勒经变下部。图中左边是一个大院子，院子外面有搭建的帐篷，新郎、新娘和众位宾客都坐在帐篷中欢宴。

在露天的空场地上将四组屏风围成一圈，中间有一个人跳舞，旁边还有乐师伴奏。屏风后面隐约间还能看出半个脑袋，看得出来是有孩童在偷看，显得特别风趣。

第9窟和第156窟婚礼图壁画中还描绘有两只大雁，这是我国古代婚礼中的一项重要内容，叫做"奠雁"。程序是新郎持雁扔到堂中，女方家代表将它接住，表示白头偕老的意思。

第20窟婚礼图壁画中描绘了男女结婚时交拜的情景，图中男子下跪而女子不下跪，显得十分新奇。原来唐朝武则天当政的时候，为了提高女性地位，规定男女结婚之时男子需要下跪，而女子只要欠身拜就行了，于是从武则天时期开始，形成了唐朝婚礼的又一习俗。

莫高窟壁画中有大量描绘我国古代商旅贸易的情景。因为当时的敦煌是丝绸之路重

弥勒 即弥勒菩萨，意译为慈氏，佛教八大菩萨之一，是释迦牟尼佛的继任者，将在未来娑婆世界降生成佛，成为娑婆世界的下一尊佛，在贤劫千佛中将是第五尊佛，常被尊称为当来下生弥勒尊佛。被唯识学派的人奉为鼻祖。

■ 法华经变画

敦煌市莫高窟第420窟窟顶壁画一

敦煌市莫高窟第420窟窟顶壁画二

镇，古代商人活动频繁，东来西往的商旅昼夜不息，这些自然也体现在了壁画中。

莫高窟隋朝壁画第420窟窟顶法华经变种，描绘的是一个西域商主率领着一队商人，牵着一大群骆驼、毛驴，满载货物，跋山涉水行走在高山和荒漠之中。

当商队翻越一座高山时，骆驼不小心从山上滚落下去，摔死在岩石上，商人们抚摸骆驼的脊背，收拾货物，重新上路。这些都说明了我国古代商人的艰苦生活。

第45窟南壁的观音经变中，描绘的则是商人遭遇强盗的情景。画中有一队胡人，领头的是一个西域商人，他们牵着毛驴刚刚转过一个山头时，山谷中突然杀出来几个持刀的强盗。

西域商人小心翼翼的供上财宝，其余商人则战战兢兢，诚惶诚恐，露出惊惧、乞求的神色。人物神态描绘的极为生动，这些都反映出我国古代商人经商充满危险，极为不易。

莫高窟壁画中描绘我国古代耕种、收获等劳动场景的壁画非常普遍，这种耕获图在早期壁画中就非常多，唐朝以后更是随处可见，其中比较典型的有第23窟的雨中耕作图，第445窟的耕获图等。

第23窟北壁法华经变左上角，描绘出一片田地，一个农夫戴着斗笠，右手扶犁，左手扬起鞭子，正挥赶着黄牛犁地。天上乌云密布，下起了大雨，右边有一个人正冒雨挑着柴火走来。

雨中耕作图的下部分是在一处山丘旁边，有一户一家三口的农家正在吃饭。这些都将我国古代耕牛犁地劳作生活展现得淋漓尽致。

第445窟北壁右上部耕获图中，下半部展现的是一个农夫一手扶犁，一手挥舞着鞭子，前面是两头牛，这是犁地的情景。

画面的中间部分是两个人正在地里收割，一个人挑着收割的粮食正往回走。上部还画出两个农夫正在打场，左边有四个人在吃饭。

右边上部有一个大厅，厅中坐着一个人，端着茶杯，农夫正拱手向他说话，这大概表现的是农民向地主交租的情景。

莫高窟壁画中也有一些表现古代体育运动的画面，早期壁画中就有很多关于角力、射箭、马技等项目的描绘。

莫高窟北周第290窟佛教故事连环画中，悉达太子与两个射手一字

敦煌莫高窟第445窟北壁壁画

排开，分别持弓瞄准排成一串的七面鼓，据说，悉达太子一次能够射穿七面鼓。这或许是古代印度的一种比武形式。

另外，第290窟还描绘有太子与难陀的摔跤故事，也十分有趣。

第156窟的张议潮出行图后部，画有晚唐时期打马球的情形，马球是唐朝非常盛行的一种体育运动。其中四个人骑马，均执球仗，目光向下，盯着地面上的球，形象生动活泼。

五代时期的第610窟的佛本行集经变屏风画中，则描绘出许多体育运动的场面。有腾跃双马、腾跃四马，在马背上举铁排等马技，箭射飞雁，举象、铁车等，都十分生动。

莫高窟初唐壁画第431窟西壁有一幅牧马图，马夫看上去像是困倦了，手里拿着缰绳，抱头大睡。

马夫的左边站着一匹马，右边站着两匹马，全都膘肥体壮，与唐朝流行的昭陵六骏风格一致。

除了以上诸多壁画之外，莫高窟中描绘我国古代生产、生活、民风、民俗的内容还有很多，如求医图、卖肉图和饮酒图等。这些形象生动的敦煌壁画为我们今天了解古代生活提供了不可多得的原始材料，堪称国之瑰宝。

壁画遗韵

古代壁画与古墓丹青

阅读链接

敦煌莫高窟壁画是敦煌艺术的重要组成部分，规模巨大，技艺精湛。敦煌壁画的风格，具有与世俗绘画不同的特征。它的内容丰富多彩，它和别的宗教艺术一样，是描写神的形象，神与人的关系以寄托人们善良的愿望，安抚人们心灵的艺术。

尽管敦煌壁画几乎都是描写佛教内容，但是，任何艺术都源于现实生活，任何艺术都有它的民族传统，宗教思想也是如此。在敦煌壁画中，也有许多描绘世俗生活的壁画，精美绝伦，仿佛再现了我国古代劳动生活。

戈壁明珠克孜尔石窟壁画

克孜尔石窟群是我国重要的艺术宝库，其形成发展，与龟兹文化和佛教文化有着密不可分的关系。魏晋南北朝时期，是龟兹吸收印度文化、犍陀罗佛教文化形成本地灿烂的民族文化时期，从那个时期开始开凿营造了许多石窟。

克孜尔千佛洞是我国开凿最早的石窟，先后持续时间长达五六百年。作为龟兹石窟的代表，克孜尔石窟可以说是开我国西北石窟艺术之先河。

克孜尔石窟艺术的主要成就之一，就是面积达1万多平方米的壁画。内容包括佛、菩萨、比丘、飞天、供

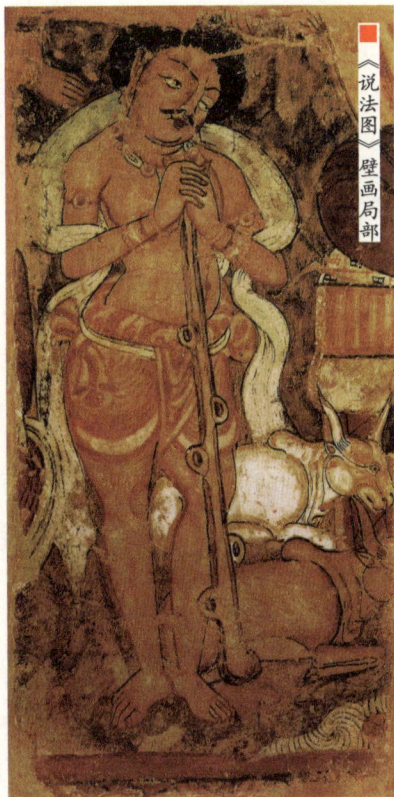

《说法图》壁画局部

■ 菱形格本生画

壁画遗韵

古代壁画与古墓丹青

养人像、本生故事画、佛传故事画、因缘故事画等，被誉为"戈壁明珠"。

在克孜尔千佛洞，佛传故事画面描绘最多的是妙转法轮、降魔成道、精进苦修等3个场面。与敦煌不同的是，克孜尔石窟群画面所表现的只是本生故事中的一个关键性情节，因此一幅画就代表着一个故事。

这样，在一处壁面上，有时可以出现十几个以至几十个本生故事。克孜尔石窟群壁画艺术中，这种杰出的处理方法独树一帜，在其他石窟很难见到。

克孜尔石窟壁画中以人物形象居多，有大量反映当时龟兹人生活情况的作品，如商旅负贩、二牛犁地等。其中男供养人不剪发且戴有巾帽的是当时龟兹国王的画像。

第47号窟的壁画，在前室纵券顶窟顶上画着的是大飞天，后室横券顶窟顶上也是大飞天。她们上身裸露披挂璎珞、宝带，下身着裙，在腰间有两个衣结。她们的身体伸得比较直，只是以双脚分开，一屈一伸来表示飞的姿态。

在涅槃台西头紧靠着涅槃佛头部的西壁底部，有

法轮 佛家词汇，在藏传佛教中又称金轮。在古印度时候，轮既是一种农具，也是一种兵器，佛教借用轮来比喻佛法无边，具有摧邪显正的作用。凡是法轮转动之处，一切的邪恶思想，无不为其摧破。

一副萨埵那太子舍身饲虎本生像。在这幅画面中，萨埵那太子用一手撑着地，使上半身稍微离地仰起，另一只手则伸向天空，似乎正在忍受极大的痛苦和作出极大的牺牲。动感十足，富于生气，产生出更巨大的艺术效果和感染力。

龟兹艺术家们吸取了古希腊和犍陀罗艺术的精髓，抓住了人类感受最亲切、最微妙、最能触发激情的视觉对象，也就是人体，表达了他们对佛陀、菩萨、飞天的崇敬，对自由的向往和对自然的钟爱之情。人体艺术的光辉照亮了克孜尔石窟，使它成了"丝绸之路"文明的一个象征。

龟兹的画师们以单纯优美的线条，勾勒出美妙的人体，奏出了人类童年时代纯洁无瑕的乐章。

世间最美的莫过于人体之美，在克孜尔石窟群壁画中，众多的人体特别是女性人体形象十分引人注目。人体壁画不但反映了当时龟兹民族的历史文化、社会生活内容，而且与佛教教义、佛教艺术结合得十分自然。龟兹人以大胆创新的精神和非凡的勇气，为世界艺术史留下了一道十分亮

璎珞 古代用珠玉串成的装饰品，多用为颈饰，又称华鬘。原为古代印度佛像颈间的一种装饰，后随着佛教一起传入我国，唐代时，被爱美求新的女性模仿和改进，变成了项饰。它形制比较大，在项饰中最显华贵。

■ 克孜尔石窟第47窟壁画

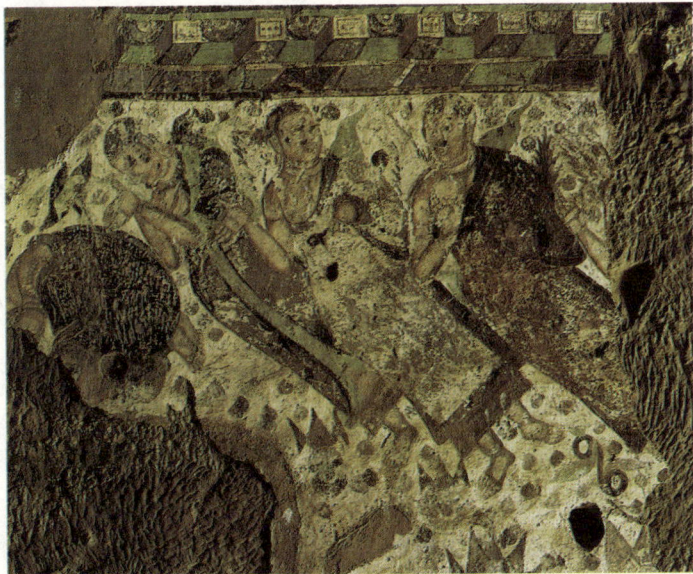

丽的风景线。

在佛经记载中，佛说法是一件了不起的大事，佛把深刻的道理讲给沉迷的人们听，以唤醒他们并带给他们天国的幸福。这是一个幻想的奇丽的世界，因而在说法讲到微妙之处时，常常伴有音乐、歌舞，天人伎乐会从各个方面涌向画面，形成一个规模不小的乐队。

■ 克孜尔石窟壁画

克孜尔第38窟被称为音乐窟，壁画描绘了龟兹乐队演奏的场景。左右壁《说法图》上方，有带状的14组乐伎，即乐神。每人奏着一件乐器，从手势和乐器的音位来看，居然都停止在一个节拍上。

从这些壁画中可以看到这个班排序列，它有阮咸，上边有龟兹琵琶，有排箫，还有手铃，璎珞、钹和长笛都有，可以看到舞者的形象，拿着璎珞准备跳舞，跳舞的人多是体态轻盈的少女，穿紧身薄罗衫，她们或立，或蹲，或腾空而起如御风行驶，或脚尖着地如陀螺转动，舞姿优美，柔若无骨。

除《说法图》以外，一般在洞窟后室涅槃像座或壁画的旁边，也有这种男女乐神，而且单独形成画面。较《说法图》中出现的造型更优美，人体艺术的

琵琶 传统弹拨乐器，最早大约在秦朝。"琵琶"二字中的"珏"意为"二玉相碰，发出悦耳碰击声"，表示这是一种以弹碰琴弦的方式发声的乐器。"比"指"琴弦等列"；"巴"指这种乐器总是附着在演奏者身上，和琴瑟不接触人体相异。

味道也更足。

以第163窟后室左壁为例，女露上身，弹箜篌，姿态柔媚，男全裸，佩璎珞，披帛带，与女叙谈，生活气息浓郁。

第163窟右道壁端的《佛度化乐神善爱故事画》，图中右侧为善爱，左侧白肤色者为女乐神。人物线条如行云流水，笔法流畅，表情传神，可谓身心完美的统一。

克孜尔石窟群壁画中的《传法图》相当普遍，比较常见的有两种，一种以连续方格的形式出现，幅面小，场面也小；另一种以通壁壁画的形式出现，场面大，气氛也较连续方格为庄重。

一壁之中的佛像，多分成3组或5组，各成单元。每单元内容大体相同：佛居中，左右听法诸菩萨、比丘、婆罗门、伎乐。

由于《说法图》的佛座两侧，常有女子交脚而坐，双掌相合作听法状，姿态十分优美，故名为闻法菩萨。

《说法图》中的舞蹈菩萨，仅着臂环或脚镯一类的饰品，此外便是用以助舞的绸带了，其娇美的舞

菩萨 "菩提萨埵"之略称。意即求道求大觉之人，求道之大心人。菩提，觉、智、道之意；萨埵，众生、有情之意，与声闻、缘觉合称三乘，即指以智上求无上菩提，以悲下化众生，修诸波罗蜜行，于未来成就佛果之修行者。

■ 第163窟内的《天神》壁画

■ 克孜尔的《说法图》壁画

壁画遗韵

古代壁画与古墓丹青

排箫 是由一系列管子构成的管乐器，管子都是按由长到短或由短到长的顺序排列，并且把它们并排联接在一起，管子的底部都用塞子堵住，构成一个个独立的吹管，吹奏时，气流进入管中，可以产生高低不同的音调。排箫的音色纯美，轻柔细腻、空灵飘逸。

姿栩栩如生。

佛经中把天国描述成为一方净土，这是一个幻想的奇丽世界，这个世界鸟语花香，歌舞升平，充满了博爱、幸福。所以在龟兹石窟中，不论是说法图、因缘故事，还是佛传故事、本生故事和其他内容的画面中，常有乐舞菩萨、飞天、天宫伎乐或是单一或是成双成对地出现。

如克孜尔第八窟中的《舞师女作比丘尼》，画面表现舞师女在佛面前歌舞，仅有披帛饰身，显示出婀娜的身姿。她左手托起，右手弯肘呈下推状，双脚交叉，出胯扭腰，非常诱人。

这幅画与被誉为"舞神"的第101窟裸女相对照，画中裸女的形态舞姿几乎无异，其中，不同的是前者头部微侧，目视右方，如同动作协调、舞姿优美的双人舞。

在第175窟《五趣轮回图》中，画的是一舞女舞姿优美，动作强烈，较高跨度的跳跃，从画面上看其跳跃向右方，但头部却回转，顾盼左面交足而坐、怀抱箜篌、双手作节拍状与舞女舞步相合者，其动作配合默契，仿佛能从画面中感受到舞姿的柔美和节拍旋律的变化，相当传神。

在第161窟中，有一对相互偎依的人体伎乐菩萨，一个鼓腮吹笛，另一个双手抱排箫等待随时吹奏，用笔细腻，造型优美，是众多伎乐菩萨中的佼佼者。

这些千姿百态的舞姿，使观者眼花缭乱，美不胜收。龟兹舞蹈典雅优美，动感强烈，又有碗舞、花巾舞等极具地方民族特色的民间通俗舞。

克孜尔石窟群壁画佛传故事中，有不少描绘太子降生的图画。无忧树下，摩耶夫人扶在侍女肩上，双腿交叉站立，右臂扬起，太子从她臂下肋间诞生，上身因之微向右倾。姿态从容、高雅，完全是舞蹈动作。

在这组人物的旁边，同样以动人的姿势站立着的是裸体的年轻太子。他和他的母亲摩耶夫人在画家的彩笔下，人体的形式得到了充分的表现。在《太子降生图》中，龟兹艺术家充分展示了摩耶夫人的人体美。

龟兹人体艺术的面部造型特征突出，头部较圆，颈部粗，发际到眉间的距离长，额度较宽，五官在面部所占的比例小而且集中。

龟兹壁画人体以几何形组成，常用六个大

克孜尔石窟壁画

石窟壁画

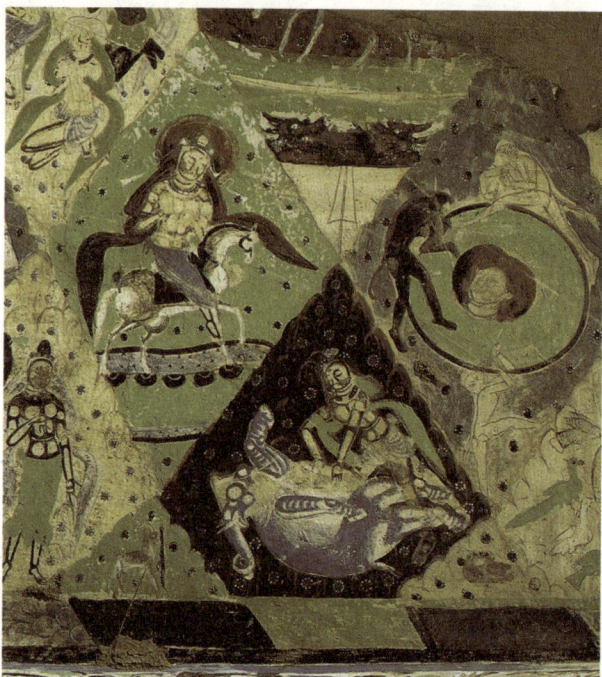

■ 克孜尔石窟壁画

小不同的圆圈和几个圆锥形来表现人体的大块体结构，夸张了其神情。

龟兹壁画的人体造型追求神似、意境，追求气韵、仪态，按照对象本身的结构所包含的基本形状来表现她们。特别抓住了女性人体的曲线之美，以其"S"形曲线变化为核心，构成人类共同的审美情趣。

龟兹壁画人物形象中，对面部的刻画尤为细腻，其感情色彩表现得很丰富。如圆形脸，鱼形的眉目，高高的鼻梁，小小的嘴巴等。

就点睛而言，有对睛的，有斜睛的，有半掩睛的，还有将睛子藏于眼角深处的侧视，因此他们的表情各异。

从壁画的风格和技巧来看，克孜尔石窟群虽然不像敦煌石窟，一个时代的壁画和另一个时代的这么泾渭分明，但也可以看出一个大概的发展过程壁画。

早期壁画依风格而论，比较粗糙。人物是用极粗的线条画出轮廓，再用手涂的笔法表现人身和衣纹的细部。慢慢地人物画的轮廓线变细了，出现了"屈铁盘丝"式的细线条。

龟兹 我国古代西域大国之一，唐代安西四镇之一，又称丘慈、邱兹、丘兹。龟兹古代居民属印欧种，拥有比莫高窟历史更加久远的石窟艺术，龟兹人擅长音乐，龟兹乐舞发源于此。

人物的肌体运用了深浅不一的晕染工艺，产生了质感，这种表示物体阴阳明暗的晕染，使画像充满了立体感。特别是把人体的肌肉显示出来，使画中人物呼之欲出，这种绘画技法明显受了犍陀罗文化的影响。

后来，壁画风格有了更大的进步。如人物的轮廓线有了粗细的变化，在轮廓线内又加以晕染，特别值得一提的是在用色方面，克孜尔石窟群的壁画多以土红、大绿为主，相当接近莫高窟中晚唐壁画的颜色。

这里的壁画还有一绝，它不是画在涂白的泥壁上，而是在泥壁上直接作画。既采用了有覆盖性的矿物颜料，也使用了透明的颜料。着色方法不但有平涂的烘染，而且有水分在底壁上的晕散。这种具有独特风格的"湿画法"，也称凹凸画法，是古龟兹国人的一种创造，是绚丽的石窟壁画园地里最鲜艳的一枝花朵。

第17窟号被称为"故事画之冠"，这里的四壁、窟顶、甬道、龛楣，到处是色彩艳丽的壁画。

其中一幅格外引人注目：只见一峰满载货物的骆驼，昂首而立，

《兜率天宫菩萨说法图》

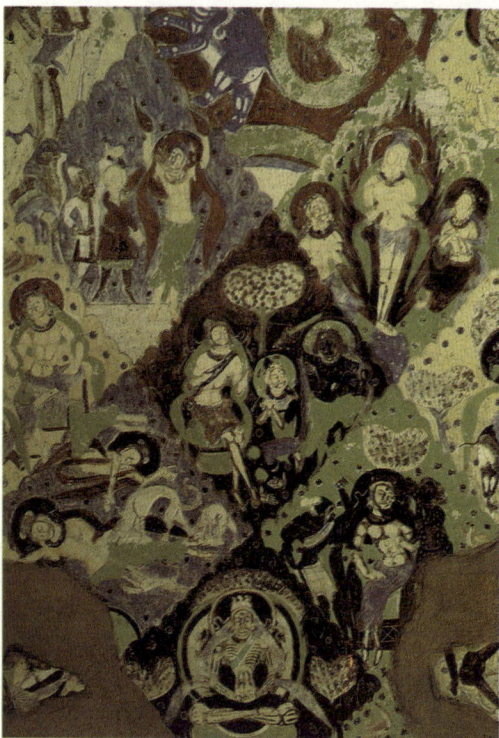

■ 第17窟的《菱形格本生画》

壁画遗韵

古代壁画与古墓丹青

须弥山 又译为苏迷庐、苏迷卢山、弥楼山，意思是宝山、妙高山，又名妙光山。"须弥"一词原是梵文音译，相传是古印度神话中的名山，在佛经中也称为"曼陀罗"。据佛教观念，它是诸山之王，世界的中心，为佛家的宇宙观。

眼望远方。驼前两个脚夫头戴尖顶小帽，脚蹬深腰皮靴，身穿对襟无领长衫，满脸须髯面向前方，正振臂欢呼。

他们为何如此兴奋？原来在脚夫前面还有一人，只见这人两眼微闭，神态自若，高举着正在熊熊燃烧的双手，指明了骆驼商队前进的方向！这就是所谓"萨薄白毡缚臂，苏油灌之，点燃引路"的本生故事。

克孜尔石窟壁画最令人印象深刻的是它的菱格构图。在每个菱格中画着不同的佛本生故事、因缘故事、供养故事和千佛故事，这些菱格还含有佛教意义，莲瓣表示莲花，山为须弥山，树为菩提树，皆是佛家吉祥的象征。

卓越的画师把复杂的故事巧妙地描绘在一个菱形画面中。如猕猴王本生故事，是叙述释迦牟尼前世为猕猴王时爱护群猴，最后舍生救猴群的、有着曲折过程的故事。

在画面上，只见奔逃的猴群面临深涧，追捕的猎人引箭待发，猕猴王前后脚攀住深涧两岸的树干，以身为桥，引渡群猴。它身上有猴子奔驰，体力衰竭很快将支持不住，却转面焦急地顾盼稚弱的猴子。这幅画把猕猴王舍生忘死，关心群猴安危的拳拳之情，描绘得活灵活现。

克孜尔千佛洞不仅有大量宣扬佛教教义的画面，也有畜牧、狩猎、农耕、乘骑、古建筑的真实写照。

第175窟中心柱右面的通道里，有两幅著名的壁画。《二牛抬杠》图中，只见两头膘肥体壮的老黄牛，低头甩尾，合抬一根木杠奋力向前拉犁。犁后的农夫一手举鞭，一手扶犁，正聚精会神地犁地。

与这幅《二牛抬杠》图毗邻的还有一幅《耕作图》。头顶小帽、身穿短裤的农夫，手持一把形似锄头的挖土工具"坎土曼"，作向下用力刨土的姿势。

这幅《二牛抬杠》耕地图和解放初期新疆农村犁地的情景一模一样。栩栩如生、惟妙惟肖的画面，使中外学者为古龟兹画师的写实手法拍案叫绝。

坎土曼 新疆维吾尔族等少数民族使用的一种铁制的农具，由木柄和铁头两部分构成。木柄长约1.2米，铁头呈盾形。铁头的大小不等，大的长约30厘米，宽约25厘米，重约6斤半；小的长约25厘米，宽约20厘米，重约5斤半。

阅读链接

克孜尔千佛洞壁画，既有汉文化的影响，也有对外来文化艺术有选择的巧妙接受，更是古龟兹画师非凡智慧的体现，在我国乃至世界壁画史上占有重要地位。

当年的匠师们用粗犷有力的线条，一笔勾画出雄健壮实的骨骼，用赭的色彩，烘染出丰富圆润的肌肤，轻轻一笔画出布置均匀的衣褶。又借助一条飘曳的长带，表现出凌空飞舞自由翱翔的意境，使人一看到那些"飞天"，便有"天衣飞扬，满壁风动"之感。

罗汉祥集的云冈石窟壁画

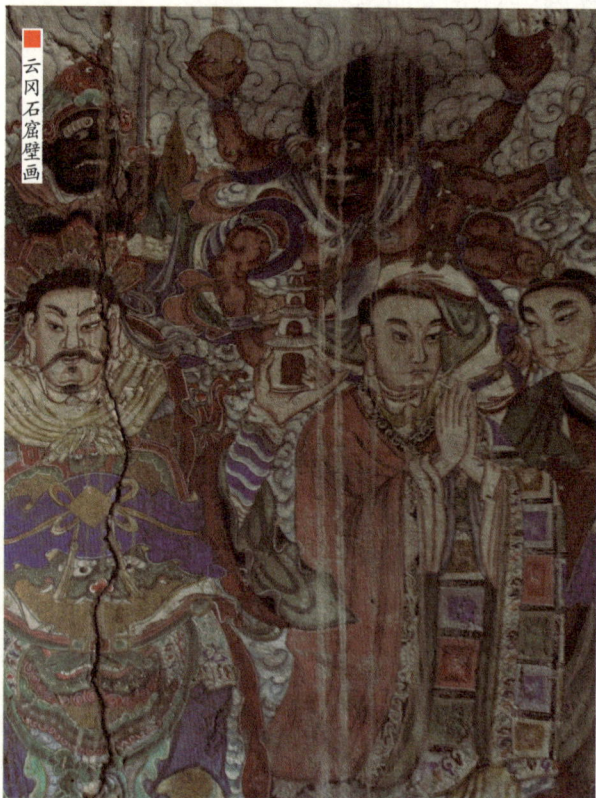

云冈石窟壁画

云冈石窟位于山西省大同西郊武周山北崖，石窟依山开凿，东西绵延1000米，主要洞窟有45个，大小窟龛252个，石雕造像5.1万余躯，是我国规模最大的古代石窟群之一。

云冈石窟不仅有石窟，有佛像，还有着众多精美的壁画，这些壁画堪称一本本精妙的画书，描绘的主要内容就是佛，飞天等人物的神

■ 云冈石窟壁画

话故事，都与佛学息息相关，壁画是那样的精美，画工技艺十分娴熟，每一笔、每一画都是那样的生动，那样的传神，真是历史上的一大瑰宝！

在云冈石窟的壁画中，最为突出的是其中的罗汉壁画。作为佛弟子，罗汉多出现在佛的周围近处，或是作"听闻"而闻法，或是永住世间护持正法。

在云冈第6窟木阁楼中，两侧壁画的十八罗汉是石窟壁画中的精品。这些脚踩红云、莲叶、海螺、龟鳌、葫芦等神物立于海水之中的阿罗汉，头顶祥云、面貌和悦，个个头绕圆形光环，表明他们已然修成正果，达到佛教修行的最高境界了。

这些修成正果的罗汉，有的正面立身，双手持法物展示着自己的独特身手；有的侧面立身，走进人群，似欲告诉他人自己的修道体会；有的回头走开，似不屑一顾而自得其所；有的身挎神兽而来、有的头

罗汉 阿罗汉的简称，有杀贼、应供、无生的意思，是佛陀得道弟子修证最高的果位。罗汉者皆身心六根清净，无明烦恼已断；已了脱生死，证入涅槃；堪受诸人天尊敬供养。于寿命未尽前，仍住世间梵行少欲，戒德清净，随缘教化度众。

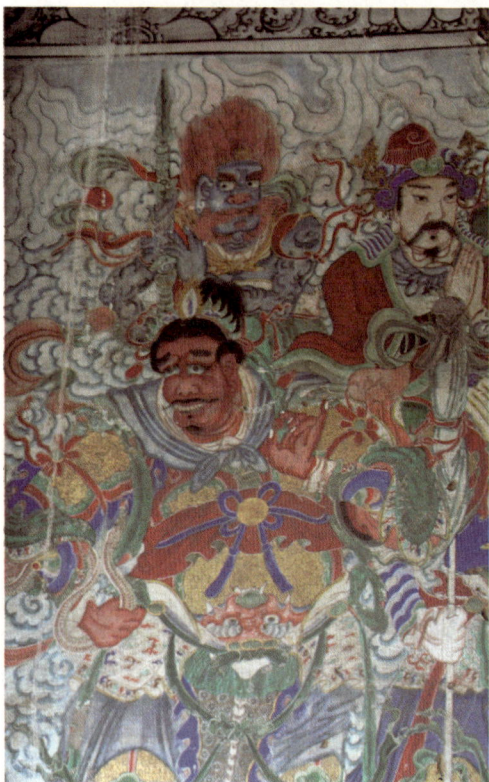

云冈石窟壁画

壁画遗韵

古代壁画与古墓丹青

灭度 又称"涅槃",又叫"入灭""灭患",度生死的意思。不是永生,是非生非灭。后来也翻译为圆寂,即圆满一切功德,寂灭一切惑业,即离生死之苦,全静妙之乐,穷极之果德也。

顶礼帽而至。人物刻画姿态各异,生动有趣。

各位罗汉有的拈花、有的持钵、有的捧书、有的摇扇、有的扛铲、有的握铃、有的托帛、有的合十,更有将鞋和葫芦挑至肩上等等,体现了罗汉不同的性格特征。

佛典说,释迦牟尼佛为使佛法在佛灭度后能流传后世,使众生有听闻佛法的机缘,嘱咐十六罗汉永住世间,分赴各地弘扬佛法,利益众生。

在佛教的祖源地印度,罗汉都是历史人物,他们均为释迦牟尼的弟子,由于德行高尚被释迦牟尼委以重任。佛教传到我国后,十六罗汉便成为艺术家创作的题材。

据文献记载,十六罗汉有:"坐鹿罗汉"宾度罗跋罗堕阁、"欢喜罗汉"迦诺迦代蹉、"举钵罗汉"诺迦跋哩陀、"托塔罗汉"苏频陀、"静坐罗汉"诺距罗、"过江罗汉"跋陀罗、"骑象罗汉"迦理迦、"笑狮罗汉"伐阇罗弗多罗、"开心罗汉"戍博迦、"探手罗汉"半托迦、"沉思罗汉"罗怙罗、"挖耳罗汉"那迦犀那、"布袋罗汉"因揭陀、"芭蕉罗汉"伐那婆斯、"长眉罗汉"阿氏多、"看门罗汉"注荼半托迦等。

佛教传入我国，在十六罗汉的基础上，逐渐出现十八罗汉，具有我国特色。到了清代，皇室信佛，由乾隆皇帝钦定，将"降龙"和"伏虎"二位罗汉列入正式序列，成就十八罗汉。

由此，云冈第6窟木结构窟檐底层东西两壁，各突出地绘画了降龙罗汉和伏虎罗汉，并融合聚集于其他罗汉之中。

降龙罗汉位于东壁，在壁画前排左侧第二位置，罗汉黑面络腮胡，怒目圆睁、咧嘴龇牙，左手举起，右手托钵，由钵内升起一缕白烟，白烟散开，一条青龙跃然于上。

伏虎罗汉位于西壁，在壁画前排右侧第一位置。此罗汉面容苍老、神情沉稳，泰然自若地骑虎而来。他一手举杖，一手抚摸虎头，老虎以和善顺服的眼神回头望着罗汉。

云冈石窟壁画与大量表现菩萨形象的大乘佛教不

钵　原是洗涤或盛放东西的，形状像盆而较小的一种陶制器具，用来盛饭、菜、茶水等。一般泛指僧人所用的食器，有瓦钵、铁钵、木钵等。一钵之量刚够一僧食用，僧人只被允许携带三衣一钵，此钵则为向人乞食之用。

059

艺术宝库

石窟壁画

■ 云冈石窟内的佛像壁画

云冈石窟内的飞天壁画

同，突出地表现成就正果的罗汉形象，似乎表现了小乘佛教的重要特征。

在云冈出现的这一情形，从一个侧面反映了清代初期佛教的发展盛况。即无论大乘小乘，都是为教导众生着力而为，都在尽力弘扬佛法。大小乘的一并显示，是为因应不同根基众生之所需，而无宗教世界观的根本不同。

据清代1651年所立的《重修云冈大石佛阁碑记》中说：

> 云岗，去大同数武，有小堡如拳，峙于岗之右……此予集材鸠工，重修杰阁，并出山妙相，以祝我帝道遐昌之意云耳……大清顺治八年，岁次辛卯，孟夏之吉。

彩绘 在我国自古有之，被称为丹青，常用于我国传统建筑上绘制的装饰画。我国建筑彩绘的运用和发明可以追溯到2000多年前的春秋时代。它自隋唐期间开始大范围运用，到了清朝进入鼎盛时期，清朝的建筑物大部分都覆盖了精美复杂的彩绘。

碑文所谓"重修杰阁"，是为修建现第5窟、第6窟前的木结构阁楼。自然，绘画于楼阁内的壁画亦是当时的作品。云冈石窟中这一面积约40.6平方米、绘制于360年前的壁画作品，不仅弥补了云冈石雕造像虽然有弟子像但缺乏十八罗汉像或十六罗汉像的遗憾，更能从艺术的角度增加壁画形式的表达，丰富云冈的艺术表现内容。

另外还有几个窟中，也有色彩斑斓的彩绘壁画。历经沧桑，这些绘画作品依然色彩艳丽，且人物异常生动。其中第12窟中的12位执乐器的女子，12个人拿着不同的乐器，造型各异。虽然只是石窟的一个点缀，却依然不失细致。

云冈石窟壁画在制作工序和颜料运用上、佛教石窟艺术本身造型上，以及对石窟建筑空间的装饰上都具有独特的色彩装饰美，通过对云冈石窟色彩装饰这种独特美的分析研究，不仅能提供我国古代绘画艺术的美学依据，而且能体会到云冈石窟壁画艺术的教化意义。多少年来，尽管云冈石窟壁画遭受人为划痕破坏而伤痕累累，但其依旧色彩鲜艳绚丽夺目。

阅读链接

云冈石窟为什么开凿在武周山？这与武周山这块风水宝地密切相关。武周山坐北向南，武周川内山清水秀，可以说是"藏风得水"的好地方。武周山，又称武周塞，位于内外长城之间，是北魏通向北方的咽喉要道，当时人马商队来往频繁，还驻扎了重要的军队，皇帝经常在这里讨论国家大事。

武周山成为北魏皇帝祈福的"神山"，他们在这里遥拜北方，祈求神灵保佑江山社稷。因此，北魏皇帝在"神山"开凿石窟，创建寺院，也在情理之中。

守正创新的麦积山石窟壁画

麦积山石窟矗立于甘肃天水市东南约35千米处的麦积山，始凿于公元384年，共有194个洞窟，藏有从4世纪末到19世纪初近1500年间的石胎泥塑、石雕造像近8000件，壁画1000多平方米。

在这1000多平方米的壁画中，北魏洞窟壁画数量较多，除飞天、

■ 麦积山石窟壁画

莲花等装饰性图案外，还有在窟顶或四壁绘出内容连续的大型佛本生故事，最值得称道的当数第127号洞窟的北魏壁画。

在第127号不大的洞窟中，四壁、窟顶保存得比较完好的壁画有近100平方米。这些壁画以佛传故事的形式，表现了那个时代上至皇室贵胄、下及普通民众的生活风俗。

■ 麦积山壁画出行

第127号洞窟的北魏壁画主要包括洞窟正壁的《佛说涅槃经变》，右壁上部的《西方净土变》，前壁上部的《七佛图》，下部的《地狱变》，以及窟顶的《帝释天》《穆天子拜见西王母》《舍身饲虎图》《睒子本生故事图》等九部分。

这些壁画中，最具代表性的就是彩绘于正壁上约19平方米的《佛说涅槃经变》，故事自左向右展开：

左侧依次画释迦临终仰卧在七宝床上遗教，并为迦叶示现双足；人、天与巨禽、走兽来集，劝请释迦莫般涅槃；各国国王率众前来分舍利，对峙在恒河之滨。

右侧，首先是各国人众为分舍利而展开的战斗场面；其上为浓密的林木围绕着的荼毗所，幡带飘扬，台上置舍利瓶八个；荼毗所以下众武士护持一轿，似为表现舍利子的启运；又画诸国王向一覆钵形塔礼敬有加，为起塔供养场面。

西王母 即王母娘娘，道教女神。亦称为金母、瑶池金母、瑶池圣母、西王母。天下道教主流全真道的祖师，原是掌管灾疫和刑罚的大神，后于流传过程中逐渐女性化与温和化，从而成为慈祥的女神。

第127号洞窟《国王出猎》

下部，左右两侧对称构图，均为车骑行进的场面，浩浩荡荡、旗幡飘飘，戟矛如林，虽形象漫漶，但大致可辨出与押运舍利子有关。

第127号洞窟北魏壁画构图开合有度，疏密有致，气势磅礴，形象生动。大开处约19平方米的壁画上画有400多人。他们有伏于马背疾驰的，有亦步亦趋、似为护驾的，还有手持刀、盾厮杀的。收合处，人物都朝仰卧在七宝床上奄奄一息的释迦身旁聚拢。

尤其值得一提的是，石绿掩映下的地面，作者以极具写意的篆籀线条勾勒出一个人，右手握刀，左手持盾牌，身子前倾，使出全身的力气向对方胸口刺去；而另一个人拿着盾牌侧身躲闪，举刀向对方的肩膀砍去。战争之惨烈由此可见一斑。

此外，还有一个人骑在马背上，手持利剑，仿佛在指引士卒和战车的进退，又仿佛是训斥拼杀的士卒不够勇敢。

唯有以纯石绿敷染的几个人，满脸木讷、呆滞，僵尸般地站在将死的释迦身后，面对眼前的一切，似束手无策。

在释迦左下不足1平方米的地方，作者分3层彩绘了60多个人。他们中有举起盾牌迎敌的，有扬起戈矛出击的，还有双手打幡旗的，重叠排布，但秩序井然。人物肩膀上方的疏空处似可跑马；肩膀至脚部的笔墨实密，似难透风。

壁画中的服饰，有的以长线条高度概括出来，有的先以黑色或石绿色重笔涂实后，再以白色细笔勾边。壁画中，人物的喜、怒、哀、乐都被作者很好地表现出来。不由让人联想到顾恺之"四体妍蚩，本无关妙处；传神写照，正在阿堵中"的不朽论断。

画这些人物时，作者先以石绿打底，再以灰色覆罩，然后以深紫红色重染脸庞，最后以白色勾点五官。数种颜料之间的洇渗、氧化，既增强了人物面部的厚重感，又避免了壁画因年久而潮湿。

壁画中质感极强的金文线条、一波三折的汉隶笔法，以及树的造型、石绿颜料的运用等，均可从顾恺之《洛神赋图》、汉代帛画《夫妇饮宴图》、东晋壁画《飞天》等作品中找到取舍的渊薮，可见北魏艺术家在继承中守正创新精神的坚韧与可贵。

整窟壁画仿佛是彩绘于墙壁上的一本连环画，一

顾恺之（348年—409年），字长康，小字虎头，博学有才气，工诗赋、书法，尤其善于绘画。精通人像、佛像、禽兽、山水等，时人称之为三绝：画绝、文绝和痴绝。为我国传统绘画的发展奠定了基础。与曹不兴、陆探微、张僧繇合称"六朝四大家"。

艺术宝库

石窟壁画

■ 麦积山壁画赴会

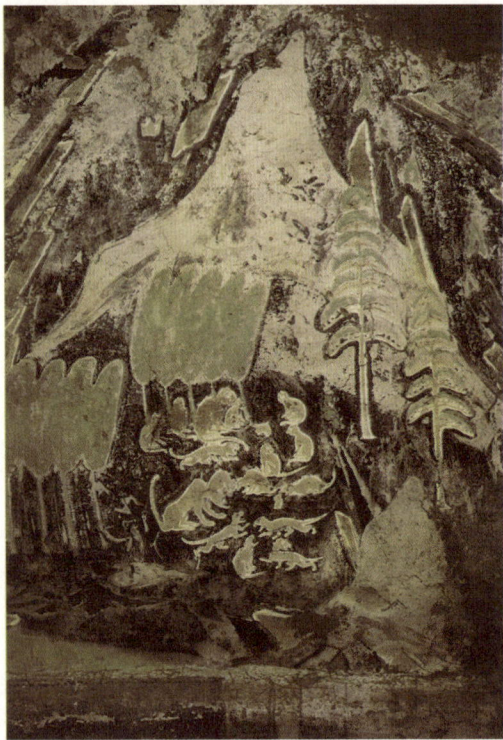
■ 麦积山壁画

壁画遗韵

古代壁画与古墓丹青

菩提树 别名有：神圣之树、毕钵罗树、印度菩提树、佛树、觉树、道树、道场树等。佛门中，菩提树是圣树，因为佛陀是在菩提树下成道的，见了菩提树就如见到了佛。因此，礼拜菩提树蔚然成风。

章章、一节节，环环紧扣，向人们讲述着发生在那个年代的故事。

最令人惊叹的，是作者处理山鸡、老虎等飞禽、走兽手法的高超与神妙。

窟右壁顶部的《舍身饲虎图》中，高耸的山前，有石绿绘出的11株菩提树。就在那树下不足一平方尺半的三角形空地上，作者以中、侧锋笔法勾写了大小不等、神态各异的16只虎仔和一只大老虎。又围绕着刚刚吃完萨埵那王子的老虎染出了深紫红的底色，使画作在冷暖对比中更加突出了老虎的逼真感。

整幅作品于浓郁的悲剧气氛中蕴涵着深厚的文化底蕴，也正是对魏晋南北朝时期"八王之乱""五胡乱华"的社会生活的传神写照。

萨埵那王子舍身饲虎的画后，是靠左壁顶中央位置的近8平方米的《睒子本生故事图》。图中，盲夫妇的儿子被寻欢狩猎的国王当作野兽射杀了。国王的狂喜与盲夫妇痛不欲生的表情形成了强烈的对比；国王乘坐着高大华贵的车骑，又有众多的随从跟随，这样盛大的排场与盲夫妇栖身的简陋草舍也形成了强烈的对比。以石绿染出的河流和黑白色互见的人物很好地结合在一起。

《睒子本生故事图》既是一幅极具戏剧性的故事长卷，又是一幅技法娴熟的山水画巨幛。此画极具书写性的绘画用笔和合理的构图再一次表明北魏艺术家对前人绘画技法和外来文化的成功借鉴和吸收。

再往后，是彩绘于前壁上部《七佛图》右侧的狩猎场景。艺术家在此为我们记录了一段古代贵族的生活现实。正壁右侧描绘的貌似八王争舍利的场景，2平方米见方的画幅中，简笔勾勒的山峦上，错落地生长着以菩提树为主的多种树木。

画中，展翅疾飞的山鸡和狂奔逃窜的豹子、鹿与马背上双手拉弓欲放的射手和手掌托鹰、寻找兔子的猎人形成了动与静的对比。尤其让人赞叹的是，30多匹马造型精准、刻画传神。

古代艺术家于麦积山开窟造龛、雕形绘彩，曲折地传达了当时人民的心声。石窟壁画是当时人们祈盼安居乐业的精神记载，反映了那个时代的社会现实。

壁画中所表现的，其实皆是劳动者的悲、愁、喜、乐。真实的生活在此完全取代并超越了神秘的宗教，人之初的本性被复原、放大，普通人被提升到与神同等的高度。

在这些壁画作品中，作者将歌颂对象巧妙地、不露痕迹地变成普通劳动者而不是神。在运笔上，作者充分发挥多种书体的优点，果敢下笔、细心收拾，在凹凸不平的窟壁上表现出很强的流动美。

麦积山飞天壁画

这种流动美，既是北魏艺术家综合素养和较高天赋的展现，又是其自由精神和自我意识的抒发。"书画同源"在壁画中得到了很好的体现，这缘自北魏艺术家对"书画同源"的深刻理解，体现了他们对守正创新的注重。

麦积山127窟形制不大但壁画特别丰富，为麦积山诸窟之冠。窟中右壁所画《西方净土变》，人物和建筑众多，构图严谨，气势宏伟。这是我国石窟中已知年代最早、面积最大的一幅净土变。这一时期壁画中的人物服饰趋于世俗化，人物形体修长，面容清秀。画法古拙，色彩强烈，风格独特。北周洞窟数量也较多，出现了以绘为主、绘塑结合的新形式。

除127窟之外，麦积山七佛阁中有42尊泥塑大菩萨，阁外崖壁上绘有彩色壁画。万佛洞中的壁画也颇有特色，无论是描写从容前进的马匹、凌空翱翔的仙鹤，还是表现骑马作战，追逐野兽的场面，都善于掌握动势，充满着活力。

这类作品数量虽然较少，但那生动优美的艺术形象和精细巧妙的构图布局，以及纯熟洗练的制作技法，在我国南北朝同期作品中，也是非常杰出的。

阅读链接

麦积山石窟为中国四大石窟之一，被誉为"东方雕塑馆"，其他3窟为：龙门石窟、云冈石窟和敦煌莫高窟。

我国古代艺术家以"致广大而尽精微"的求实精神开凿的麦积山石窟，既为中华文化增加了弥足珍贵的艺术瑰宝，又为中国画的守正创新提供了历久弥新的宝贵经验。无论从哪个角度、哪一层面去解读、体悟，都可以看出麦积山石窟壁画表现的是佛学意识：众生的辛劳、神祇的定力、普通人的善良等思想精神。

寺观壁画是我国壁画的一个主要类型，绘于佛教寺庙和道观的墙壁上，内容有佛道造像、传说故事、图案装饰等等。这种绘画形式是随着道教的产生和佛教的传入而逐渐发展起来的，在东汉明帝时期，壁画创作之风更盛。

山西是我国中原地区佛教、道教活动最发达的省份之一，因此佛教寺庙，道教宫观等宗教建筑极为兴盛，而依附于这些寺观里的壁画同样精美。此外还有河南的寺观壁画、滇西北的寺观壁画、四川的寺观壁画，也是我国古代壁画中的杰作。

慈航普渡

寺观壁画

独具特色的佛光寺壁画

　　佛光寺位于山西五台县豆村的东北，五台山西麓，创建于北魏孝文帝时期，主殿东大殿是唐代木构建筑。佛光寺中的壁画具有鲜明的特色。

　　佛光寺东大殿建于唐大中年间，殿的四壁原来都有壁画，可惜在修葺大殿檐墙和依壁塑造罗汉像时被毁。后世仅存前槽北次间和两梢间拱眼壁外侧3幅，南北内槽前间和后间拱眼壁外侧4幅，后槽明间、两次间和两梢间拱眼壁外侧5幅，外檐两山前后各4间拱眼壁内侧8幅，

弥陀说法图

■ 大势至菩萨

后檐南尽间拱眼壁内侧1幅，殿内明间佛座后侧东腰处1幅，共计22幅，60多平方米。

佛光寺东大殿的拱眼壁高约69厘米，长约四五米。前槽两梢间拱眼壁外侧绘着青绿色的卷草纹，势若风浪流云。前槽北次间拱眼壁外侧绘阿弥陀佛说法图，阿弥陀佛身披袈裟，袒露胸膛，结跏趺坐于仰莲佛坛上，两侧有胁侍菩萨5尊。

他们头戴花冠，项佩璎珞，身姿微曲，飘带自两肩下垂，有的捧物，有的双手合十，有的结吉祥手印。佛坛前绘博山炉一个，两侧画手捧莲花、呈半蹲姿势的供养菩萨各1尊。

像下为仰覆莲瓣基座，表明佛门净土。画面的左右两组以其胁侍菩萨观音、大势至为中心作赴会听经之状。

观音像两侧又有胁侍菩萨4尊，前为两尊持花天女，后有天王护持。大势至菩萨两侧有胁侍菩萨8尊，供养和听经菩萨3尊，前为擎持龙幡的两位天人，后有诸位官吏拜别。

观音、大势至菩萨上部各有翱翔于蓝天白云中的飞天两尊，白色流云中还端坐着赴会听经的诸菩萨和

慈航普渡

寺观壁画

卷草纹 我国传统图案之一。多取忍冬、荷花、兰花、牡丹等花草，经处理后作"S"形波状曲线排列，构成二方连续图案，花草造型多曲卷圆润，通称卷草纹。因盛行于唐代故名唐草纹。

大势至菩萨 西方极乐世界阿弥陀佛的右胁侍者，又称大精进菩萨，简称为势至，与阿弥陀佛和阿弥陀佛的左胁侍观世音菩萨合称为"西方三圣"。《悲华经》中说过去有个转轮圣王，大太子是观世音菩萨，二太子是大势至菩萨，三太子是文殊菩萨，八太子是普贤菩萨。

■ 佛光寺壁画《诸菩萨众》

弟子。

画面着色以青、绿为主，赭石、铅粉次之，间以少量原砂和土黄。由于殿宇朝西，下午的阳光可以射入殿内，故使前槽拱眼壁唐代壁画的铅粉变成了铁青色，青绿也失去了艳丽的色泽。这3幅壁画与敦煌莫高窟的唐代壁画如出一辙，有浓厚的古朴风韵。

后槽两梢间拱眼壁外侧绘诸菩萨众。其中北梢间拱眼壁外侧画4排102尊菩萨像，南梢间拱眼壁外侧绘3排65尊菩萨像。

这些菩萨像高33厘米至35厘米，大都头戴花冠，身着长衫，肩饰帔帛，两侧垂以飘带，色泽、式样各不相同。菩萨身后都有背光，脚踩流云，飘然欲仙，由于其色彩泛铅，部分菩萨面部和肌肤已变成赭色或青色。

总体上看，这部分壁画红、青、绿、白、赭、黄兼备，色泽较前槽拱眼壁的鲜艳。究其原因，当是南北内槽和后槽白天光线较暗，紫外线照射微弱之故。

后槽明间、两次间拱眼壁外侧画佛像。每间拱眼壁分上下两列，置35尊佛像。这些佛像都有名目：一

不空（公元705年—公元774年），译名不空金刚，唐代著名高僧，幼丧父，随叔父至我国，师事金刚智，奉命至天竺及狮子国求密藏，唐玄宗说再入唐，加号智藏国师，居京兆大兴善寺，译出密部经77部。为我国密宗创始人之一，与善无畏、金刚智并称为"开元三大士"。

释迦牟尼，二金刚不坏佛，三宝光佛，四龙尊王佛，五精进军佛……其用途如不空所译《毗尼经·三十五佛名礼忏文》讲述的"犯五无间业者，宜于三十五佛前至心忏悔"。

诸佛均结跏趺坐于莲座上，头饰螺髻，面相慈祥，身披袈裟，凝神端坐，颇具禅定功夫。

画面所施色彩为莲座青绿，袈裟朱红，背光有黄、白、红、绿多种。其白色部分微有泛铅。由此可见，壁画的泛铅和色变除去壁质内渗入石灰外，其主要是阳光长期照射所致。

外檐拱眼壁内槽原来都绘有壁画，内容为佛和诸菩萨众。公元1430年，在殿内周围塑造五百罗汉时，从檐墙上部至拱眼壁悬空塑成佛山胜景。因此，将颜料和泥巴涂抹在拱眼壁上，随后又在其上刷过朱红色，故使唐代绘制的壁画大都被掩盖。

日久天长，拱眼壁上的部分泥巴和朱红色颜料脱落，使外檐两山前间和后檐南尽间拱眼壁内侧各绘佛像35尊、外檐两山后3间拱眼壁内侧各画菩萨3列，每间分别为55尊或58尊不等。

壁画中佛像均为全跏趺坐，头上都有螺发肉髻，所披袈裟分为红、黄、白、赭诸色，面相丰满，姿态端庄，神情凝注，肌肉圆润，古趣盎然。

菩萨像都头戴花冠，

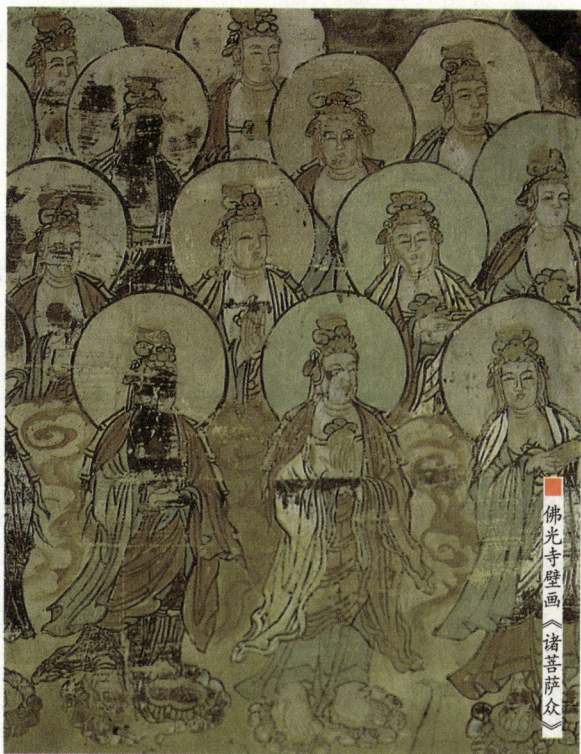

佛光寺壁画《诸菩萨众》

■ 天王与天女图

古代壁画与古墓丹青

天王 即佛教四天王，原指古印度神话中的战将，后来被佛教宣传为四个重要的护法神，各守护东、南、西、北四个方向，以护持佛法。天王形象一般为身穿甲胄，面容威严，手持武器，足踏夜叉。

身穿长裙，佩饰璎珞，飘带多于腹前打结，神态各异，栩栩如生。其色彩由红、白、青、黄、绿、赭等交错调配。

细观画面，有富丽雅趣之韵，少有单调乏味之感。其线条流畅，肌肉圆润，衣饰柔软贴体，有显著的唐代风格。

明间佛座后侧的束腰处，释迦牟尼佛须弥座背面，有高35厘米、宽100厘米、共计0.35平方米的壁画一方，分左、中、右3个部分。

左端画的是身穿铠甲、右手持宝剑的天王，他左手压着一个魔怪，右脚踏着一个魔怪，旁边有一女立像，头戴花冠，右手掌心托一花朵，左手掌心托一香钵，钵中还燃着香，女立像作惊异欲避状。

正中画的是一个力士手擒了一只类似猿猴的动物，他右手攥着动物的尾巴，左手抓着其头盖，那动物弓爬在地；右端画的是一个力士裸露上身，手持长杆，向左右追赶。

整幅画面中，无论天王、力士还是魔怪，都画成关节突出、肌肉隆起疙瘩的形象，从神情看，天王、力士怒颜厉色，魔怪恐惧绝望。另外，在画面的上角，还残留一段龙爪和龙尾。

整幅壁画人物形象生动，天女服饰飘逸，天王、力士筋骨健壮，墨线劲利，设色素雅，形神皆备，与唐吴道子画的《天王送子》图像相似。《天王送子》图的一部分绘有天王、女立像，两个力士和龙等，正与之相似。

由于这幅壁画处在佛座与扇面墙的夹缝间，原来两侧由土墙封起来，长久密闭，使画面的色泽历千余年后仍如同新的一样，红，绿，黄，黑等色依旧十分醒目。终于使后世能够清晰细致地观赏到淳古的笔法。

此外，左次间和左山前侧的拱眼壁上，有宋代所绘佛、菩萨像。文殊殿内有明代重绘五百罗汉像，后世存有245尊。

阅读链接

由于唐代盛行佛教，阿弥陀佛信仰在唐代社会相当普及，而五台山又是阿弥陀佛信仰最为兴盛的地区，佛光寺亦深受影响，因此，在五台山佛光寺壁画中出现了"西方三圣图"。同时，受华严思想的影响，佛光寺壁画中出现文殊、普贤菩萨等内容也是必然之事，从中可见华严宗与净土宗相互影响，互为援引的趋势。

唐玄宗时，唐代佛教发展达到极盛，寺院之数较唐初几乎增加一半，而佛光寺壁画则成为佛教诸宗思想融合的珍贵实物例证。

道家巨制永乐宫壁画

　　永乐宫位于山西省芮城，又名大纯阳万寿宫。永乐宫中艺术价值最高的作品首推精美的大型壁画，它不仅是我国绘画史上的重要杰作，在世界绘画史上也是罕见的巨制。

　　永乐宫所有壁画共计1000平方米，分别画在无极殿、三清殿、纯阳殿和重阳殿里。其中三清殿是其主殿，殿内壁画共计403.34平方米，

永乐宫三清殿北壁东部壁画

画面高4.26米，全长94.68米。

永乐宫三清殿，又称无极殿，是供"太清、上清、玉清原始天尊"的神堂，为永乐宫主殿。殿内四壁满布壁画，画面中共有人物289个，是永乐宫壁画中的重点。

三清殿内西、北、东三壁上，绘满了4米多高的神仙群像，三壁的画面连成一气。这些壁画人物，按对称仪仗形式排列，以南墙的青龙、白虎星君为前导，分别画出天帝、王母等28位主神。围绕主神，二十八宿、十二宫辰等"天兵天将"在画面上徐徐展开。画面上的武将骁勇剽悍，力士威武豪放，玉女天姿端立。

■ 永乐宫三清殿内壁画

整个画面，气势不凡，场面浩大，人物衣饰富于变化，线条流畅精美。在这般繁杂的场面中，人物神采又都集中在近300个"天神"朝拜元始天尊的道教礼仪中，因此被称为《朝元图》。表现玉皇大帝和紫微大帝率领诸神，来朝拜元始天尊、灵宝天尊、太上老君的情景，就是原来分散的诸神，全都集合起来朝拜最高主神了。

环绕三清塑像的斗心扇面墙上，东西面分别是南极长生大帝、东极青华太乙救苦天尊和玄元十子等；扇面墙背面为三十二天帝君；正面北壁东部是中官紫微北极大帝、天至大圣及北斗七星、十一曜、二十八宿及

元始天尊 全称"太上盘古氏玉清元始天尊"，是公认的道教始祖。在"三清"之中位列最尊，是道教神仙中唯一的大天尊。混沌未开之时，元始天尊曾以盘古巨身开天辟地。在无量劫数来临之时，他用玄妙的天道来教化众生，故而尊称他为天尊。

《朝元图》局部

历代传经法师；北壁西部是勾陈星宫天皇大帝、南斗六星、二十八宿和天、地、水三官以及历代传经法师等。

东壁绘大上昊天玉皇大帝、后土皇地只和扶桑大帝、十二元神、五岳、四渎、地府诸神；西壁绘东华上相木公青童道君、白玉龟台九灵太真金母元君和十太乙、八卦、雷雨诸神；南壁两侧绘青龙君、白虎君。

全图近300个神仙朝着同一个方向行进，形成了一道朝圣的洪流，气氛神圣、庄严。

西壁堪称整个《朝元图》中最精彩的部分。画面以东王公、西王母夫妇为中心，各天官簇拥左右。西王母端坐椅中凤冠品服，仪态端庄典雅，表情温柔亲和。

在西王母面前有一身着蓝袍的长者，据说是哪吒的师傅太乙真人。他头微低，脸微侧，双手持笏，似有要事启奏西王母。在太乙真人的身后有两位天神作交谈状，似乎真人所禀奏之事正是他们也关心的事。

这一组人物相互呼应，特别是对太乙真人心理的传神描绘，为我们刻画出一个眉宇间显现出焦虑、心事重重的长者形象。

这一幅《朝元图》，反映了道教的完整体系，而近300身群像，男女老少，壮弱肥瘦，动静相参，疏密有致，在变化中达到统一，在多样中取得和谐。

壁画中的神像虽然高度、朝向大致一样，但画面利用了不同的面部颜色、衣着和神态去表达不同神仙的身份、性格。帝君的神情多半比较肃穆；武将则全身披甲，鬓发飞扬；玉女则含情地微笑，有的在对话，有的在沉思，也有些在凝神、在顾盼，形象各具特色。每个神像大都只是寥寥几笔，以浓淡粗细的长线变化，就充分表现出质感的动势来。

画中仙人袍服、衣带上的细长线条，更多的是刚劲而畅顺地"一笔过"画上去，好像一条条钢线镶在壁画上一样，造就了迎风飞动飘忽之感，加强画中仙人的生动性。这种画法不但承继了唐、宋以后盛行的吴道子"吴带当风"的特点，而且准确地表现了衣纹转折及肢体运动关系，难度极高。

三精殿壁画绘画用笔十分讲究，画中人物胡须、云鬓接近皮肤的地方用笔尖细，随着向两侧展开，笔画逐渐变粗、变淡，远远看去，人物的胡须仿佛是从肉里长出来的一样，即所谓的"毛根出肉"画法。

如此精美、准确、生动的画云鬓、胡须的用笔，反映画工对解剖、透视学的理解，而笔的运

079

慈航普渡

寺观壁画

■《朝元图》局部

《朝元图》局部

行也做到了准确、舒张、刚健，不允许有丝毫败笔，显示了高超的绘画技艺。画直线不用界尺，画弧光不用圆规，这又要求画工具备过硬的画线本领。这些正是从六朝、隋唐壁画延续下来的优秀艺术传统。

从云鬓、虬须"毛根出肉"的画法上去考察，永乐宫三清殿壁画诸路神仙、真人也宛然出自吴道子的笔下，继承发扬了吴道子的大唐风格。

辉煌灿烂的色彩效果，是三清殿壁画艺术的又一特点。在富丽华美的青绿色基调下，有计划地分布以少量的红、紫、深褐等色，加强了画面的主次及素描关系。在大片的青绿色块上插入白、黄、朱、金及三青、四绿等小块亮色，形成一个有机的整体。用色以平填为主，采用天然石色，所以能经久不变。

三清殿的《朝元图》，是集中了唐、宋道教绘画精华所形成的巨制，有着悠久的发展历史。《朝元图》，最早可以上溯到吴道子的《五圣朝元图》。它是吴道子最有影响的道教图像，也是他唯一留存有后人临摹的作品。杜甫当年曾经赋诗赞颂这一作品：

画手看前辈，吴生远擅场。
森罗移地轴，妙绝动宫墙。
五圣联龙衮，千官列雁行。
冕旒俱秀发，旌旆尽飞扬。

在《五圣朝元图》之后还相继出现过类似的图像，如《朝真图》《朝会图》等。五代王建修青城山丈人观，请张素卿画希夷真君殿的《五岳朝真图》。

从所记内容，可知这时创作《朝真图》虽是朝见希夷真君，但与中原《朝元图》粉本仍有一定关系。作品一方面吸收了《朝元图》千官列雁行浩浩荡荡的场面，一方面又开始表现五岳、四渎、十二溪女、山林溪沼、树木诸神和岳渎曹吏等众多人物，创造各具特色的下界诸神形象。

纯阳殿，是为奉祀吕洞宾而建。纯阳殿内壁画绘制了吕洞宾从诞生起，至"得道成仙"和"普度众生游戏人间"的神话连环画故事。殿内对扇后壁的《钟吕谈道图》，是一幅极为珍贵、人物描写极为成功、情景相融得非常好的一幅壁画。

如纯阳殿东、北、西三壁以52幅画组成的一部《纯阳帝君神游显化之图》，以连环组画的形式来表现吕洞宾一生的事迹。壁画幅高3.5米，面积为203平方米，分作上下两栏，幅与幅间用山石云树连接，每一事件既单独成章又能通过景色相互衔接。

从总体看，全画是一个完整的青绿山水通景，描绘了吕洞宾从降生到得道的种种神灵事迹，大多为荒诞无稽的传说故事。

从局部看，则是各自独立表现一定具体情节的画面。画中有宫廷、殿宇、庐舍、茶肆、酒楼、村塾、医

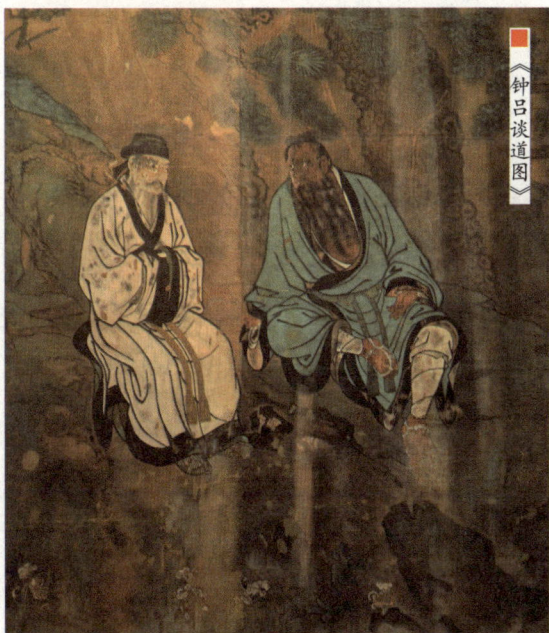

《钟吕谈道图》

《道观斋供图》

馆、舟车、田野、山川以及形形色色的人物。而且不少画幅富有浓厚的生活气息，描绘了宋元时代的社会风貌，如生活习俗、建筑形态，农夫、乞丐各色人物，都画得真实具体，成为了解宋元社会的形象材料，从而使宗教画在一定程度上起到曲折地反映现实的作用，这在道教壁画上是具有创造性的构想。

纯阳殿扇面墙后壁的《钟离权度吕洞宾》壁画，高3.7米，面积16平方米，是纯阳殿壁画的精华所在。

画中的吕洞宾和钟离权坐在深山磐石上，背景是一棵苍劲老松，左右流淌着山中泉水。背松而坐的钟离权，体态健壮，袒胸露腹，赤脚穿着麻鞋。他双目炯炯有神，脸上带着慈祥、亲切的笑容，正注视着吕洞宾。

吕洞宾则拱手端坐，神态谦恭地静听，但其两手笼袖、左手轻捻右衣袖的细节，暴露出其内心处在不知何去何从的矛盾之中。画面环境处理巧妙，用笔简练，技法精湛，代表了元代高超的绘画水平。

扇面墙相对的北门门额上为《八仙过海图》，南壁东西两侧为《道观斋供图》和《道观醮乐图》。

在南壁东侧西上角有题记："禽昌朱好古门人古新远斋男寓居绛阳侍诏张遵礼、门人古新田德新、洞县曹德敏，至正十八年戊戌季秋重阳日工毕谨志"。

后壁正中上方右侧也有画工题记："禽昌朱好古门人古芮待诏李弘

宜、门人龙门王士彦，孤峰侍诏王椿、门人张秀实、卫德，至正十八年戊戌季秋上旬一日工毕谨志"。可知这些壁画的作者及完工时间。

重阳殿为供奉道教全真派首领王重阳及其弟子"七真人"的殿宇。殿内采用连环画的形式描述了王重阳从降生到得道度化"七真人"成道的故事。

重阳殿内的连环画，虽是叙述王重阳的故事，但却妙趣横生地展示了古代社会中人们的活动。这些画面，几乎是一幅幅生动真实的社会生活的缩影。平民百姓的梳洗、打扮、吃茶、煮饭、种田、打鱼、砍柴、教书、采药、闲谈；王公贵族、达官贵人的宫中朝拜、君臣答理、开道鸣锣；道士设坛、念经等各式各样的动态跃然壁上。

重阳殿壁画基本继承了纯阳殿壁画的表现方法，用49幅画面来描述王重阳一生的经历。虽然时代稍晚，但是从其反映出的道教有关事迹及社会生活的某些侧面来说，仍具一定的历史价值和艺术价值。

永乐宫壁画，题材丰富，画技高超，它继承了唐、宋以来优秀的绘画技法，又融汇了元代的绘画特点，形成了永乐宫壁画的可贵风格，成为元代寺观壁画中最为引人的一章。

阅读链接

永乐宫壁画用传统的程式画法，使得近300个形象无一雷同，真让人叹为观止。作为唐宋绘画艺术特别是壁画艺术的直接继承者，永乐宫壁画在我国绘画史上当占一席之地。

从目前发现的我国古代绘画遗迹来看，元代人物画大幅的极少，三清殿《朝元图》正可作为研究、借鉴元代绘画的范例，并可从中得到发展中国传统绘画艺术的重要启示。整体壁画内容极为丰富，是研究绘画艺术和当时社会生活的生动资料。

山西丰富的著名寺观壁画

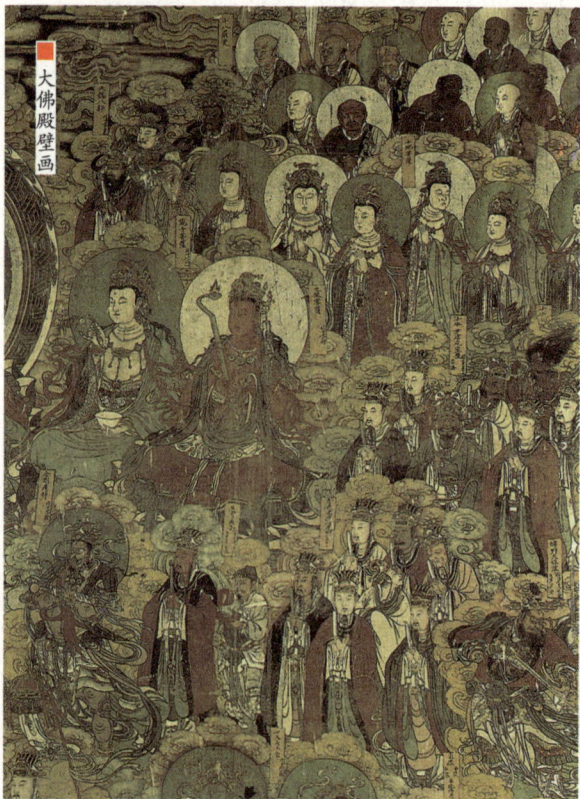

大佛殿壁画

山西其他著名寺观壁画也有很多，比如，大云院大佛殿壁画、高平开化寺壁画、岩山寺壁画、汾阳圣母庙壁画、稷益庙壁画和稷山青龙寺壁画等。

大云院在山西平顺县城西北23千米的龙耳山中，其中的大佛殿创建于五代时期的公元940年。殿内存有五代壁画20余平方米。

大佛殿东山壁绘有

《维摩经变图》。画面上，维摩诘托病在家，释迦牟尼派文殊前去探望，病床上维摩诘身着淡黄色病衣，侧身半卧在什锦帐之中，身体前倾，神态庄严激昂，正在向文殊诉说自己的大乘主张。

■ 《道观斋供图》

前来探视的文殊，和维摩诘侧身相对坐于病榻之下，满脸虔诚，洗耳恭听，若有所思。举止安详，与正在辩论中的维摩诘的激动神情适成对照。

画面的背景全以人物衬托。舍利佛、香积菩萨、天王、罗汉、持花天女等多人，体态丰腴，表情各异，均以前方画面人物为核心，遥相呼应，浑然一体。画面上方飞天回翔，紫雾缭绕，天女散花，呼之欲出。

大佛殿正门扇面墙上左侧绘有观世音，右侧是大势至菩萨。二位菩萨袒胸露腹，面相凝重，雍容典雅。扇面墙背画"西方净土变"，画工精细，色彩鲜

文殊 音译作文殊师利、曼殊室利、满祖室哩，意译为妙德、妙吉祥等。为我国佛教的四大菩萨之一。一般称文殊师利菩萨，与普贤菩萨同为释迦佛之胁侍，分别表示佛智、佛慧之别德。所乘之狮子，象征其威猛。

丽。画风与敦煌同期壁画相似。

在画面上方，众菩萨和仆从分宾主谈话其间，主尊仆殿一派升平景象。画面下方是8名边歌边舞边奏乐的乐伎，吹笛拍钹，广袖长裙，围成环状，翩翩起舞，神姿仙态，楚楚动人，拱眼壁和阑额上保存五代彩塑11米，色彩庄重，古朴典雅。

■ 开化寺大雄宝殿西壁北部壁画《天法菩萨》

大雄宝殿 在佛教寺院中，大雄宝殿就是正殿，也有称为大殿的。大雄宝殿是整座寺院的核心建筑，也是僧众朝暮集中修持的地方。大雄宝殿中供奉本师释迦牟尼佛的佛像。大雄是佛的德号，因为释迦牟尼佛具足圆觉智慧，能雄镇大千世界，因此佛弟子尊称他为大雄。

大云院五代壁画，上承晚唐风格，无论男女皆以丰腴富态为美，心胸坦荡，气宇轩昂。

高平开化寺在山西高平县东北舍利山麓，创建于五代后唐同光年间，初名清凉寺，公元1073年建大雄宝殿后，改名开化禅院，亦称开化寺。留存建筑主要有大悲阁山门、大雄宝殿和后殿以及东西配殿。

殿内梁架、斗拱上的彩绘图案非常精美，可以说是宋代建筑彩绘艺术的最佳实例，同时也是我国古代建筑中保存最完整的宋代彩绘图案。

大雄宝殿内原有彩塑已不存，宽阔的殿堂内显得异常空旷。殿内三面墙壁上满绘有壁画，色泽古朴，金碧辉煌，总面积有88平方米。壁画为宋代原作。在大殿内的梁架上还保存有画工的墨书题记：

丙子六月十五日粉此西壁，画匠郭发记
并照壁……丙子十月冬十五日下手稿谷立至
十一月初六日描讫，来春上彩，画匠郭发记
并照壁。

　　这样的记载显然是画工郭发在壁画绘制过程中的
工作手记。这种既有确切绘制年代，又留有画师题记
的宋代壁画，在国内早期壁画中极其罕见。

　　虽然由于岁月流逝，画师郭发的生平已不得而
知，但从该组壁画所表现的艺术手法看，他对人物、
山水、界画都很精通。

　　壁画主题是宣扬佛教因果报应思想的佛教经变
图。其中东壁、北壁画面残损较严重，漫漶不清，西

界画 我国绘画很
有特色的一个门
类，指用界笔直
尺划线的绘画方
法。将一片竹片
一头削成半圆磨
光，另一头按笔
杆粗细刻一个凹
槽，作为辅助工
具作画时把界尺
放在所需部位，
将竹片凹槽抵住
笔管，手握画笔
与竹片，使竹片
紧贴尺沿，按界
尺方向运笔，能
画出均匀笔直的
线条。

慈航普渡

寺观壁画

■ 开化寺大雄宝殿
北壁壁画《鹿女
本生》

■ 开化寺大雄宝殿西壁壁画《刑场》

《华严经》全名《大方广佛华严经》，是大乘佛教修学最重要的经典之一。据称是释迦牟尼佛成道后，在禅定中为文殊、普贤等上乘菩萨解释无尽法界时所宣讲，藉普贤、文殊诸大菩萨显示佛陀的因行果德，如杂华庄严，广大圆满、无尽无碍妙旨的要典。

壁风采依旧。

东壁绘制的是佛教《华严经》中的"七处九会"，讲述佛陀成道后在菩提道场等处讲经说法，借文殊普贤诸大菩萨显示佛法的无边。这种题材在唐代十分流行，由于内容丰富，题材广泛，成为佛教大型壁画中常见的题材。

大殿东壁保存有四幅壁画。北壁绘制的是《鹿女本生》《均提出家得道和观音法会》，画面构图严谨，设色艳丽，笔法遒劲而细密，尤其是画面所描绘的建筑物比例适中，人物冠带服饰精美，细节绘制得十分精细。画面中大量使用沥粉贴金工艺，更显得金碧辉煌。

西壁是开化寺壁画中的精华所在，是依据《大方便佛报恩经》中的佛本生故事绘制的。壁画共分为3组，中部是《说法图》，画面中释迦牟尼佛端坐在莲花台上，手做禅宗拈花印，背后饰有头光和背光，上设宝盖，左右有文殊、普贤二菩萨相伴，阿难、迦叶二弟子恭手胁侍，护法金刚雄峙左右，佛坛下是听佛祖讲经的众菩萨和僧尼，或侍立，或端坐，都是双手合十，聆听佛祖说法，虔诚之心，溢于言表。

供养菩萨跪踞于前沿，昂首挺胸，目视佛陀，描绘出一派庄严肃穆的说法情景。左侧的一组画面描绘的是须阇提太子孝行、华色比丘尼赴刑场、忍辱太子、转轮王遍访各地欲述佛法等故事。

王子善住因国内叛乱携妻室和儿子逃到国外，流浪途中粮食断绝，善住为保住自己和儿子的生命，决定杀妻而食。儿子须阇提听到后在父亲面前下跪哀求，愿割自己身上的肉来充饥，以保全父母的生命，他的孝行感动了天帝，最后得到了善果。

这种孝道思想是佛教传入我国后，与传统道德伦理相结合的产物，情节生动，极富人情味，具有强烈的感染力。

尤其是西墙壁中部"华色比丘尼"故事中的《刑场》一图，更体现了画师郭发的高超技艺。画面所表现的是华色比丘尼和她的强盗丈夫被处决时的情形，虽然这幅作品在大雄宝殿所存的壁画中，仅占约30厘米见方的篇幅，但画师却能用精致细密的笔

■ 开化寺大雄宝殿西壁壁画《观渔》

■ 开化寺大雄宝殿西壁壁画《观织》

莲花 佛教最重要的装饰题材之一，莲花对我国后代的装饰图案影响很大。莲花在佛教中代表"净土"，所以佛座也称莲花座，因此在佛教艺术中，莲花也就成了主要的装饰图案。

调，把这个人物众多、场面复杂的情节内容刻画得淋漓尽致、鲜明深刻。而且图中的各类人物神情各异，动态盎然，其艺术手法之高、画技之精令人叹为观止。

右侧一组画面描绘的是善事太子本生故事中观鱼、观织、农耕等情节，除绘有佛、菩萨、弟子、金刚等外，还有渔翁、农夫、织女、官吏等各色人等以及亭台楼阁、服饰、冠带、刑器刑具等各种用品，是一幅反映宋代社会风貌的优秀作品。

善事太子本生故事，出自《大方便佛报恩经》，讲述善事为一切众生谋求福利，入海求得摩尼宝珠，被其兄所夺，并被刺瞎双眼，流落异邦，最终返回故国的故事。画面中的入海求珠、太子绝食、告别双亲等情节描绘得都很生动，尤其是画面中绘的一艘大船，其样式是研究宋代航海业的珍贵资料。

《观织》一图描绘的是善事太子观赏织布的情景，画面上的织女下着长裙，上身袒露，坐在长凳上织布，她使用的织机与山西当地农村使用的织机几无二致，真实地再现了宋代妇女的劳动生活。

在西壁的南部还画有一尊听法的菩萨，菩萨头戴莲花冠，颈佩璎珞，双手合十，旁有弟子手捧经书，左侧金刚侍卫，四周是听法菩萨和僧民，人物密集，层层叠叠，人物造型准确，服饰线条流畅，主次分明，重点突出，已经形成了宋代壁画的风格和特征，具有极高的绘画艺术水平。

开化寺的宋代壁画，画面中除了佛、菩萨外，还有渔翁、农民、织女、官吏等各色人物，殿堂楼阁、殿宇廊庑等各种建筑，人物的服饰、冠带、器皿、刑具、兵器等，可以说是一幅优秀的宋代社会生活风俗画。尤其是壁画中对女性的描绘，精妙入微，妩媚秀丽，所绘人物冠带服饰都极为精美，是典型的宋代画风。

岩山寺在山西省繁峙县天岩村，始建于金代时的公元1158年，原名灵岩院。殿内壁满布金代壁画，面积约97平方米，为规模最大、艺术水平最高的金代壁画。

西壁壁画宽11.4米，高3.45米，画中有城池宫殿、山水树石和大量

岩山寺壁画《隔城投象》

慈航普渡

寺观壁画

■ 汾阳圣母庙壁画

歇山 即歇山式屋顶，共有九条屋脊，即一条正脊、四条垂脊和四条戗脊，因此又称九脊顶。由于其正脊两端到屋檐处中间折断了一次，分为垂脊和戗脊，好像"歇"了一歇，故名歇山顶。歇山顶结合了直线和斜线，在视觉效果上给人以棱角分明、结构清晰的感觉。

人物，穿插有佛本生故事。画中宫殿最值得注意之处是宫城正门外双阙为重檐"十"字脊屋顶，主殿平面呈"土"字形，前殿后楼，中间连以柱廊，后楼之后向北突出3间二层小楼，其北又突出3间单层歇山小殿。画左上方有公元1167年题记。壁画为宫廷画匠王逵68岁时所绘。

东壁壁画宽11.06米，高3.42米。南侧画有一组较大的宫殿，正门外有单檐歇山顶的子母双阙。正殿侧有砖砌高台，上建小殿。北侧画有一座水磨坊，水磨传动部分画得很准确。北壁东梢间画一重檐顶的七层塔，塔后城墙马面上画敌楼，下为木柱，上为平顶，突出城外的三面用板封闭，开箭孔，向内一面敞开，敌楼顶上有瞭望用的白露屋，形如穹庐。这是最早的敌楼形象。

东壁壁画中的歇山顶子母阙反映出唐至北宋前期宫殿门阙的特点，西壁壁画中的十字脊阙楼则反映出金代特点，并影响到元代，是研究唐至明代宫殿正门形制演变的重要史料。西壁所画土字形主殿与史载金代宫殿形制大致相合。由于宋、金、元的宫殿已毁，此图可用来探索宋元宫殿形制的变化。

汾阳圣母庙又名后土庙，庙址在汾阳城西北田村，因主祀后土圣母，故名。殿内东、西、北三壁满绘壁画，东、西壁画高3.7米，北面壁画高2.5米，三壁壁画总面积达59.46平方米。

汾阳圣母庙壁画为道教形象，东壁是《迎驾图》，西壁为《巡幸图》，北壁题《燕乐图》，三壁画面互相连接，而又各自独立，龙辇仪仗、出行回宫、宴饮歌舞、侍奉起居，以及亭台殿阁、曲桥廊庑、宫女百官、茂树名花，都折射出皇家宫廷生活的影子，充满强烈的世俗气息。壁画工笔重彩，沥粉贴

慈航普渡

寺观壁画

后土圣母 即后土皇地祇，又称后土娘娘。她掌阴阳，育万物，被称为大地之母，是最早的地上之王。承天效法后土皇地祇是道教尊神"四御"中的第四位天神，简称"后土"，俗称"后土娘娘"。与主持天界的玉皇大帝相配合，为主宰大地山川的女性神。

■ 稷益庙壁画《三圣像》

壁画遗韵

古代壁画与古墓丹青

稷益庙壁画朝圣图局部

黄帝 华夏远古时代一位著名的部落联盟首领，是我国远古时代华夏民族的共主，"五帝"之首。黄帝在位期间，播百谷草木，大力发展生产，始制衣冠、建舟车、制音律、创医学，所以被尊为中华民族的"人文初祖"。

金，场面壮阔，人物众多，亭台楼阁布局得当，曲桥廊庑错落有致，为明代道教壁画之珍品。

稷益庙位于新绛县阳王镇阳王村。殿内东南西三面满布壁画，面积达130平方米，壁画保存基本完好，东西两壁以台阶式布局，宽8.23米，最高处达6.18米，在明代壁画中属巨幅佳品。

壁画绘文武百官、农民朝圣、稷益传说、烧荒狩猎、伐木耕获、山川园林等故事，在我国现存壁画中可谓独树一帜，内容丰富，艺术精湛，堪称我国古代壁画遗产中一颗璀璨的明珠。

稷益庙壁画不同于佛教题材的敦煌壁画，也不同于道教内容的永乐宫壁画，更不同于儒释道合一的青龙寺壁画，而以古代传说故事为体裁，赞颂大禹、后稷、伯益为民造福的英雄事迹，体现了我国古代劳动人民征服大自然的勇猛精神，画艺精湛，布局严谨，是研究我国古代农业的重要文物，国内罕见。

东壁绘朝圣图，以三圣殿为中心展开画面。三圣殿面阔3间，重檐歇山顶，两厢配殿。殿前植有梧桐、月季、松竹、槐树等花卉树木。三圣帝君即太皋伏羲氏、炎帝神农氏、轩辕黄帝氏皆坐于殿中，两旁及左右厢房中侍女成群，手执壶浆果盘。

台阶左右有文武百官、农民侍立，其左环立官员和手执五谷、肩扛农具的农民，右边有多个农民，有肩扛猎物的，有捆绑着蝗虫的，有手拿蚂蚱等害虫和野草的。一女子似为五谷之神，身穿璎珞宝衣，左手持碗，右手执勺从碗中取种子，好像在向农民所赐。

在其前面侍立的似为土地神，右下有两力士，又有一武士身负盒囊，作报告状。松树林下有一长尊，上摆食盒酒壶。

东壁上部绘《斩蛇图》。山野中有四武士斩蛇场面，周围有围观、朝圣的人群，背景是幅美丽的风景园林，群山清水，云雾缭绕，花木繁盛，山间有打柴的樵夫，路上有行进的马拉轿车，图中有马、牛、羊等牲口，室内有生育、洗澡的家庭生活场景。后稷降生的传说故事画于东壁两侧，有祭祀天地，后稷降生，牲畜圈中，抛于山野，

慈航普渡

寺观壁画

稷益庙壁画大禹、后稷、伯益

壁画遗韵

古代壁画与古墓丹青

■ 稷益庙里壁画
《祭祀》

大禹 黄帝的玄
孙、颛顼的孙
子，我国夏王朝
的第一位天子，
因此后人也称他
为夏禹。他是我
国古代传说时代
与尧、舜齐名的
贤圣帝王，他最
卓著的功绩，就
是历来被传颂的
治理滔天洪水，
又划定我国国土
为九州。后人称
他为大禹。

禽鸟饲养，樵夫发现，母亲抱回，邻人探望等故事
画面。

西壁以三圣殿前的一部分布局，殿台、树木为近
景，午门、军帐为中景，山川、云树为远景，祭庙楼
阁为两翼，形成宏大场面的纵深空间感觉。内容主要
有大禹、稷益、祭祀、群仙、耕获、田猎等图。

其中的大禹头戴高冠，身着蓝袍，腰系金带居中
而坐，红日从水中冉冉升起，右首坐后稷，手执谷
穗，左首坐伯益。

台下一文官手执笏板面朝后稷，一武将面向伯
益，均作禀报状。两边全有文武百官武士侍女等，分
持笏板、斧钺、壶浆、果盘等。

右边楼阁，侍女数人行走在长廊中，有抱琵琶，
捧果盘、食盒的，形态各异，或交谈，或私语，或自
语。天上也有几组红衣仙人乘祥云而下望，官吏数人
举首朝拜。

左边祭庙，祭祀贡品有猪、牛、羊，桌上摆3个牌位，中间为"昊天玉皇上帝位"，左为"始祖后稷神位"，右侧神位只见背面，当为"伯益神位"，祭祀者为皇帝，高官显贵，两旁器乐鸣奏。

祭坛外有几名官员正在焚烧表章。两名侍者，其中一人手执火棍，另一人呼叫。远处殿阁井然有序，幡旗招展，并有树木、圆帐，门前武士侍立守卫。

祭庙上部为烧荒狩猎图。山上正放火烧荒打猎，山下有一官吏向伯益报告开荒和狩猎的情况。山间火势凶猛，受惊吓的野兽跃下山崖涉水过河，已过河岸的两只麋鹿正回头张望。远处山涧几只猴子，正嬉戏玩耍。对面山林一对猛虎正在厮斗，一猛士正拉弓欲射，几个武士手执刀剑，准备厮杀。

山下绘耕获场面图，后稷正教民耕稼。路上有一妇女肩挑饭篮、水罐前去送饭，小心谨慎地走过小桥，一孩童手捧水碗、食物走在妇人前面，田间农民头戴斗笠、草帽，正辛勤地劳作锄地，一老夫似乎听

097

慈航普渡

寺观壁画

■ 稷益庙里壁画
《耕获》

稷山青龙寺壁画

见小孩的喊声，张望前来送饭的母子。

麦田中有两个农民正在割麦，前边一位年长者手握镰刀、麦子，回头跟另一名农民说话，路上有担挑，有推车的农民来回搬运，麦场上有人上垛、打场，场上一头牛拉着石头碌子碾压着收割回的麦子。

农民有的手执鞭子赶牛，有的拿扫帚扫场，有的肩扛木杈正准备翻场，有一小孩手拿簸箕在牛后拾粪。碾好的麦子金黄耀眼，堆积如山。堆子上插一面小旗，边上两人正装袋子。装好的粮食有的已装上驴背准备驮运，旁边一名穿绿裙的妇女抱着小孩看望。

南壁东侧绘"东帝赴会"，队伍成三路行进"三圣殿"，张大帝羽扇纶巾，正带领众人进殿，两侧绘"阴曹地府"，整个壁画共绘有人神400余位。

稷山青龙寺位于稷山县城西马村西侧，创建于公元662年。大殿壁画为佛教造像，东壁是《佛说法图》，中间绘释迦像，两侧为阿难、迦叶二弟子和文殊、普贤二位菩萨，以及护法金刚护卫，上有人首鸟身的飞天。

西壁是《弥勒变》，中间绘弥勒像，左右为二大菩萨和众弟子，下方西侧为国王和王妃剃度图，有宫人围侍。大殿壁画据南壁窗槛画工题记为"明洪武十八年"即公元1385年补绘或重装。唯西南隅少部分粉墨为元代印迹。

腰殿四壁则绘水陆画，是青龙寺壁画中的精华所在。该殿全部构图共有人物300余众，分画在130平方米的墙面上。

形象有佛教的佛祖、菩萨、明王、罗汉，道教的帝职释、圣母、金刚、星君，儒教的贤妃、列女、孝子、忠臣等。故事则有礼佛图、六道轮回、八寒地狱、苏武牧羊等，像与图混合，佛道儒糅杂，天上人间、神人鬼怪，包罗万象。既宣扬了宗教的威慑作用，也展现出不少世俗生活场景，为存世水陆画壁画中的巨制。

以上壁画画面结构严谨，笔力遒劲流畅，色彩柔和协调，人物繁而不乱，人体比例适度，造型优美，形象生动，衣饰飘然，栩栩如生。它继承了我国唐宋以来的绘画表现技巧，被视为元、明两代绘画之杰作。

阅读链接

开化寺的宋代壁画，虽然是以佛教的经变故事为主题，用于宣扬佛法的威力和因果报应，但是由于宋代世俗化的影响，宗教题材发生了很大的变化，用现实景象，宋装的人物，中国的景物，来表现外国的传说，在这里佛教被完全中国化了。儒家的孝道、社会上各种人物的活动，都成为壁画中的题材。

在开化寺壁画中，宋代的社会生活景象生动真实，生活化、世俗化的程度是前所未有的，可以看作是宋代社会生活的风俗画。

禅武合一的少林寺壁画

少林寺位于河南登封县城西南的少室山北麓五乳峰下，建于公元495年，被称为中华禅宗祖庭、武术祖庭。寺内千佛殿中有著名的明代五百罗汉朝毗卢壁画，计300多平方米。白衣殿内有清代少林寺拳谱，

千佛殿壁画

以及《十三棍僧救唐王》的壁画。

千佛殿壁画绘制在大殿的三面山墙上，高7.5米，长42米，面积约320平方米。壁画主题为"五百罗汉朝毗卢"，是围绕殿内所奉毗卢佛展开的。

画中五百个罗汉，有合掌的，有捻珠的，有托钵的，有扛铲的，有挠痒的，有赏画的，有降龙的，有伏虎的，千姿百态，神情生动。

各壁皆以云气、波涛图案将人物分成上、中、下3层，各层人物又被有机地划分为各个组合，各个组合多者十八九人，少者仅二三人，富有情节性。

而各个组合之间又相互呼应，使整幅壁画显得既有变化，又有条理，确是一幅构图严谨、气势磅礴之作，国内亦不多见。可惜此壁画未署作者姓名，亦未标出创作年代。过去曾传为吴道子所作，当然这是溢美之词而已，但该壁画不会出于一般的民间艺人之手。

殿内供奉的毗卢佛铜像，高3米，结印跏趺，端坐在千叶莲台上，造像庄严，工艺精美，为敕建千佛殿时所赐。根据毗卢佛铜像与五百罗汉壁画在主题上的有机联系，可以认为，壁画应该出于最初设计意图

慈航普渡

寺观壁画

■ 千佛殿壁画

毗卢佛 是"毗卢遮那佛"的略称，"毗卢遮那佛"是释迦牟尼的法身佛。佛教中经常会提到"三身佛"，即法身"毗卢遮那佛"，应身"释迦牟尼佛"，报身"卢舍那佛"。这三尊佛像的关系非常奇妙，法身佛如明月，报身佛如月光，应身佛如月之影。

■ 千佛殿壁画

的，也就是说，千佛殿壁画也应该和毗卢佛铜像一样，都是大殿初建时绘制，都是出自宫廷艺人之手。

壁画在公元1623年前即已存在。1623年，徐霞客游少林，他在《游记》中写道：

后为千佛殿，雄丽罕匹……据名实关系，有"千佛"之名，当有"千佛"之实。

另外，白衣殿佛龛两侧壁绘有《降龙伏虎罗汉图》，其画风、笔法，与千佛殿壁画完全一致，当出自一人之手。

白衣殿作为千佛殿配殿，在千佛殿东侧，为清代硬山式建筑，因殿内神龛中供有白衣大士即观音菩萨铜像而得名。亦应建于明代的公元1588年，清雍正年间敕修时曾经重修。白衣殿不像千佛殿"依山劈基"，地基坚固，而是筑台而建。

徐霞客（1587年—1641年），名弘祖，字振之，号霞客，我国著名的地理学家、旅行家和探险家，是我国地理名著《徐霞客游记》的作者。徐霞客一生志在四方，不避风雨虎狼，与长风云雾为伴，以野果充饥，以清泉解渴，出生入死。被称为"千古奇人"。

白衣殿白衣大士铜像位于大殿东壁，铜像两边分别绘有两幅有关少林武僧故事的壁画。殿中壁画为清代重修时补绘，但殿中央的佛龛不容易倒塌，故佛龛两侧，仍保留着初建时的壁画。

白衣殿壁画绘制于少林寺白衣殿内东、南及北壁三面墙上，因其中两幅壁画精彩地再现了当年少林寺武僧演武场面而闻名于世。

左面绘的是《十三棍僧救唐王》。隋代末年，唐太宗李世民攻打洛阳，少林寺十三棍僧帮着唐王捉住了盘踞洛阳的郑王王世充的侄子王仁则，受到唐太宗封赏，少林武功自此名声远扬。后来，唐高宗"嘉其义烈"，特许少林寺自养僧兵500，为少林武功唐宋时期的长足发展奠定了基础。

《十三棍僧救唐王》壁画还有配诗：

道义肩担看棍僧，崎岖山道阻敌兵。
金戈非是佛门用，棍棒犹宜衲子擎。
得救唐王脱险境，垂成寇盗遁逃形。
赐田百顷为酬报，垩壁画图来者评。

白衣殿壁画

慈航普渡

寺观壁画

心意把 秘不示人的少林武功秘技。此功练气练柔劲，旨在行气入膜，充实肌体，达到动显于外，点化千钧之效。重在心意，并非流于形式架子，而是讲求实用，不尚花架，是练心意、气力的无上法门。此法势绝妙无比，杀伤力惊人。

在《十三棍僧救唐王》右面，绘的是《紧那罗王吓红巾》。元代末年，颍州红巾军欲劫掠被元政府一再抬高地位而盛极一时的少林寺，危急时刻，一名平时默默无闻的火工头陀在少林寺门前化作3丈高的金刚之身，惊退红巾军，使少林寺免遭一场劫难。少林寺的鼎盛期一直延续到明末，少林功夫的特色也在明代完全形成。这名火工头陀后来被少林寺视为护法神，在许多大殿和初祖达摩平起平坐，被一起供奉，称为"紧那罗王"。

白衣殿南北壁墙还有两幅壁画，和上述两幅壁画一样都是清代作品，是研究少林传统武术的珍贵资料。南壁画的是著名武僧湛洛、湛举指导众武僧练武的场面。整幅壁画可分15个组制，每组一个招式，都是刀、枪、剑、戟、杖、鞭等器械的对练。

北壁画的是清朝大员麟庆在少林寺的观武场面，画中绘的全是武僧手搏图，也全是少林拳中六合拳等

■ 白衣殿壁画

精华拳种及心意把等最上乘功法的招式。

1828年3月，清代官员、学者麟庆祭中岳后巡视少林寺，因久闻少林武功盛名，特让寺院主僧组织武僧演武。主僧因当时形势，矢口否认还有寺僧习武，麟庆加以安慰，主僧这才挑选武僧到紧那罗王殿前演武。

这次演武是康熙后期至道光年间少林寺唯一可查的公开大型演武活动，官府从此才放宽了对少林僧众的习武禁令。

麟庆观武之后，少林寺仍害怕因练武被追究，便让演武的一些武僧离开寺院，隐居深山继续练功，以便在民间保留少林功夫，并寻找合适机会将绝技再传续给少林。后来少林武功炙热全球，想必当年的少林主僧们应该如愿以偿了。

■ 白衣殿壁画

阅读链接

清代官员、学者麟庆观看少林武术的背后，其实隐藏着清代以来少林传统武术艰难传承的一段曲折历史。

在麟庆观武壁画中，白衣推掌者寂勤从少林还俗后，将少林最上乘功法心意把等传于其子吴山林，吴山林传弟子张庆贺，张庆贺传弟子丁宏本。后丁宏本遵师命披剃出家，拜少林寺第三十代住持素喜为师，得法名德建，并在白马寺受持三坛大戒，正式成为少林寺僧人。寂勤一脉把从少林寺带出的武功秘技归还少林的愿望也因此得以实现。

天府精品四川寺院壁画

在我国天府之国四川，留存的寺庙壁画较多，广汉县的龙居寺、新津县的观音寺、剑阁武连驿的觉苑寺、莲溪县的宝梵寺、新繁镇的龙藏寺等处，都有堪称精美生动的壁画。

四川寺庙壁画

龙居寺位于广汉市新丰乡，相传由唐代禅宗大师马祖道一创建。寺内最有历史艺术价值的当数中殿壁画，共86平方米，以佛教故事为题材，绘有佛像、十二圆觉菩萨、护法诸天、七十二门徒、供养人等。

龙居寺壁画所绘人物，笔法灵巧，线条柔和细腻、庄严美妙，亭台楼阁壮丽辉煌，线描敷以金粉，菩萨面有小胡须，各持法器，艺术价值极高，表现真实生动。据西壁题记，为公元1466年所绘。是我国绘画艺术的宝贵遗产。

■ 观音寺毗卢殿壁画菩萨与天神

这些壁画能够保存到后世，皆因当年画师采用的颜料非同一般，是可以保持数百年甚至上千年不变色的矿物精粉。红色用玛瑙粉，绿色用翡翠粉，黄色则用金箔。每逢阳光强烈时，即使梁柱上的朵朵莲花也生动得宛如随风摇曳。

观音寺坐落在新津县城南永商镇宝桥村境内，为张道陵二十四教区之一，为东汉末年吴都仙客崔孝通修真之处，公元1181年创建，为川西著名寺院。

观音寺毗卢殿左右两壁的明代壁画，被誉为观音寺的"镇寺之宝"。这些壁画绘制于公元1468年，

马祖道一（公元709年—公元788年），俗姓马，又称马道一、洪州道一、江西道一。唐代著名禅师，开创南岳怀让洪州宗。史书上说他容貌奇异，牛行虎视，舌头长得可以触到鼻子，脚下面有二轮文。谥号大寂禅师。马祖道一禅师门下极盛，号称"八十八位善知识"。

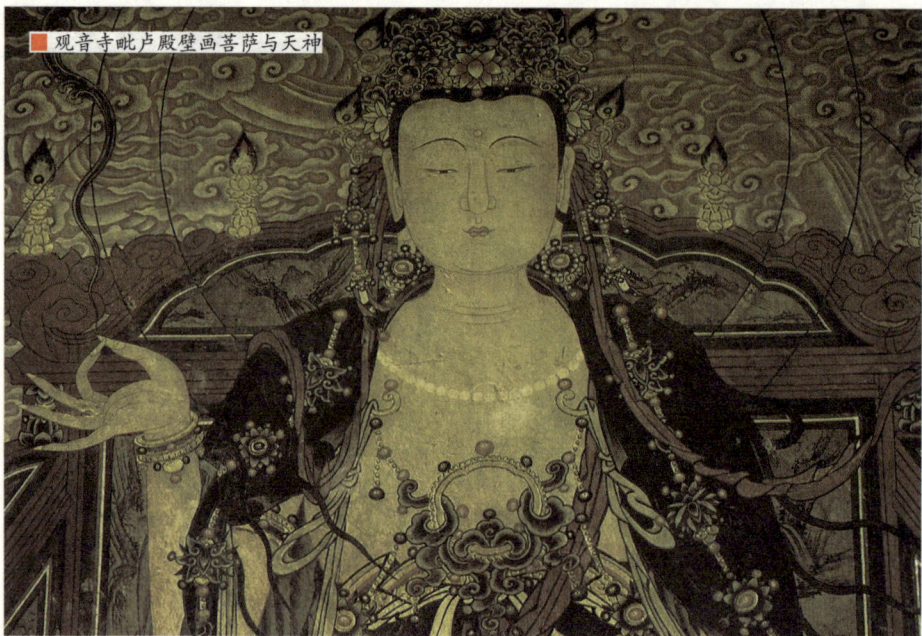

观音寺毗卢殿壁画菩萨与天神

全殿壁画共有7铺，面积共94平方米，分为上、中、下3层，上层绘飞天、幢幡宝盖和天宫奇景，中层绘十二圆觉菩萨和二十四天尊，下层绘龛座、神兽、供养人像。

其中最精妙的壁画，是十二圆觉菩萨、二十四诸天及十三个供养人像。其人物形象生动，表情自然，内涵丰富，将庄严端肃的宗教思想，喻教于精美绝伦的艺术造型之中。

十二圆觉绘在大殿左右两壁，左边依次为：文殊菩萨、普眼菩萨、弥勒菩萨、威德自在菩萨、净诸业障菩萨、圆觉菩萨；右边依次为：普贤菩萨、金刚藏菩萨、清净慧菩萨、辨音菩萨、普觉菩萨、贤善首菩萨。

十二圆觉菩萨壁画，是根据唐代西域来华的高僧佛陀多罗所译之《圆觉经》内容而作，壁画中的主人公，便是经书中十二位为了让末世众生获得觉悟解脱而向佛陀求法的圆觉菩萨。

十二圆觉菩萨壁画群像运思精湛绝妙，画工技艺超群。虽然其人物形象和比例完全按照佛教的《造像量度经》中的要求绘制，但艺术家对每一个人物的衣饰细节和面部表情都刻画得惟妙惟肖，生动活泼，一改传统宗教艺术因内容严肃而流于僵化刻板的通病。

　　整个壁画的线描技法，娴熟地采用了我国传统的兰叶描、铁线描、钉头鼠尾描等，各尊菩萨的服饰根据各自在教内的不同象征，在线描技法选用上相当灵活自如。

　　比如圆觉菩萨，采用兰叶描勾勒，以显其圆润亲和之特色；再比如普觉菩萨，则采用铁线描勾勒，以突出其凝重行愿的特征。菩萨们身上所披之雪白细纱，皆用珍珠粉勾勒纱纹线条，精心描绘出蛛丝般微妙的衣饰细节，具有轻薄透明、如沐春风的质感，令人叹为观止。

　　大幅画面则以朱砂、石绿为主，并运用沥粉贴金，既庄重富丽，又灵动酣畅，俨然一派"曹衣出水""吴带当风"的大家风范，无怪乎成为国之瑰宝，惊世绝伦。

　　整副壁画色调柔和，壁画中所绘菩萨像，身材匀称，脸庞圆润，凤目低垂，樱唇微闭，不仅画出了菩萨的丰润饱满，也表现了菩萨的温存慈祥。

兰叶描　国画传统绘画技法。特点是压力不均匀，运笔中时提时顿，产生了忽粗忽细，形如兰叶的线条。该线描创始人吴道子，用状如兰叶，或状如莼菜的笔法来表现衣褶，有飘动之势，人称"吴带当风"。

■ 观音寺毗卢殿壁画圆觉菩萨

慈航普渡

寺观壁画

■《佛传图》壁画

跌坐 坐法之一。
即互交二足，将
右脚盘放于左腿
上，左脚盘放于
右腿上的坐姿。
在诸坐法之中，
以此坐法为最安
稳而不易疲倦。
又称交一足为半
跏跌坐、半跏
坐；交二足为全
跏跌坐、大坐、
莲花坐，此为圆
满安坐之相，诸
佛皆依此而坐，
故又称如来坐、
佛坐。

特别是左壁最后一幅"文殊菩萨"画像，笔法尤为精细，连文殊菩萨所披薄纱上的雪花图案，也画得笔笔精到，将丝织品特有的质感表现得淋漓尽致。

在这些艺术形象中堪称极致的，则是右壁第二铺最后一幅"清净慧菩萨"。清净慧菩萨在佛教中象征着清净圆明的深妙智慧，在这幅壁画中，菩萨手执玄色如意，慧目微开，双足如意自在跌坐，肌肤以珍珠粉晕染，璎珞宝饰全身，整个画面宁静自在，吉祥安谧，于袅袅生风的衣带裙裾中，透出一股纤尘不染的清净智慧之气，令人叹为观止，被后人誉为"东方蒙娜丽莎"。

佛龛背后绘有"香山全堂"佛教故事画，菩萨画像均为坐式，高1.8米；二十四诸天均高1.5米，飞天高90至100厘米。

觉苑寺位于四川省剑阁县西武连镇，为典型的明代四合院格局。寺中古迹众多，历代均有名人题刻，最著名者为颜真卿《逍遥楼碑》、陆游《放翁诗碑》、宋代《治路种松碑》等。

真正堪称艺术瑰宝并且令觉苑寺名扬四方的，是大雄宝殿内那四壁精湛的佛教彩绘壁画。在大雄宝殿内四周高3.5米的壁上，绘制着精美的16铺、200多幅《佛传》故事彩画。每幅壁画均以四字墨书为题，末尾绘着该寺当年的主持僧净智及其徒道芳和尚等信徒的肖像，总计170多平方米。

这些壁画是1457年大殿重建后，由民间艺人集体绘制的。该壁画绘制于明代天顺至弘治年间，由释迦牟尼佛本传故事全套组成，共计269个故事。

壁画总体构思恢宏跌宕，画面细节栩栩如生，融入了创作者坚贞的宗教信仰和高超的壁画技艺，为世所罕见的佛陀传记艺术珍品。

觉苑寺壁画最大的特点，主要是内容完整、故事翔实、绘制精准。壁画以269幅画面讲述了释迦牟尼佛祖的一生和佛法弘开的故事，其标准的四字一题和秩序井然的严谨构图，体现了创作者缜密的运思和精巧的布局。

同时，壁画继承了唐代以来的重彩工笔技法，色彩沉浑凝重，笔工精准规范。壁画作者将全部1694个不同形象的宗教人物，描绘在面积为173.58平方米的大殿四壁之上，气势宏大磅礴，神思精妙入微。

《佛传图》壁画

《佛传图》壁画

壁画遗韵

古代壁画与古墓丹青

壁画在故事与故事之间，仅以山、水、云、树、屋宇等图案相隔，其环环相扣，生动感人，故事性极强，如同让人看一部精彩的古典连环画。整个壁画规模之宏大、体系之完整，为全国仅存的少数几处融历史价值与艺术价值于一体的彩绘佛陀传记壁画之一。

觉苑寺壁画画面缜密宏大，造型优美，运笔娴熟，色彩典雅富丽。在绘制方面，采用了工笔线描绘，充分刻画了人物面部微妙的喜怒哀乐感情。精美的壁画，堪称绝代佳品。古往今来，不少骚人墨客慕名而来觉苑寺参观游览，陶醉于画壁艺术之中，无不叹为观止。

宝梵寺在蓬溪县境内，地处狮子山中麓，坐北面南，原占地5152平方米，自正山门起分别为天王殿、大雄殿和毗庐殿。此寺始建于北宋，称罗汉院。宋英宗赵曙赐名，意为"佛中之圣，梵中之宝"。

宝梵寺壁画存于大雄殿中。明成化二年，高僧清澄偕徒众扩建佛寺，延请艺工绘制《西方镜》图画10壁，分布于十八罗汉金身之后，共85.32米，名曰《议赴佛会》《罗汉补纳》《雷音供奉》《达摩朝佛》《准题接引》《南天仙子西游》《罗汉贮经》《公德圆满》等；殿内穹庐则由清人补绘《西游》故事64幅，共10平方米。画风颇似唐著名画家吴道子笔意，具有很高的艺术造诣。《四川通志》称之为："佛门仙画"。

大雄殿穹窿，绘有藻井图《西游记》连环故事共有64幅。每幅面积约0.82平方米，整体面积约52.48平方米。故事取材于《西游记》，但不尽同。画面从"点化石猴"起，至"老妪驱狼"止，中绘内容可辨识者有19幅，其余45幅，其画技与殿内壁画完全不同，或为清人补绘之作，其构图之多，想象之丰富，是非常少见而珍贵的。

拱眼画是主体壁画中上冠的眉画，殿内一周共12面主体画壁，主体画壁上端挑枋隔距开12面小方壁，这

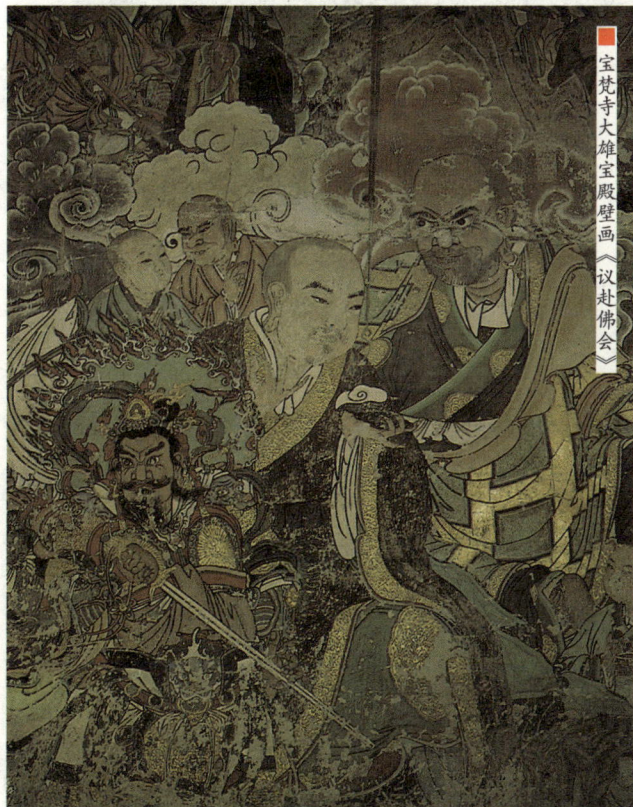

宝梵寺大雄宝殿壁画《议赴佛会》

■ 宝梵寺大雄宝殿
壁画《地藏说法》

孔雀石 一种古
老的玉料。我国
古代称孔雀石为
"绿青""石绿"
或"青琅玕"。
孔雀石由于颜色
酷似孔雀羽毛上
斑点的绿色而获
得如此美丽的名
字，并非是孔雀
的化石。

个小画壁古建著述称此为
"拱眼"。拱眼作画，使
之引导、衬托主体画面。

12面画壁面积各异，
大卷4幅、小卷4幅、次小
卷4幅，拱眼的横长与壁
画等同。画师因面积构
图，绘二十四佛冠于壁画
之上，暗合《梵典》记载
的二十四祖。其排比是大
拱眼每眼绘三佛，小拱眼
每眼绘二佛，次小拱眼
每眼绘一佛，刚刚凑足
二十四尊佛相。对称呼应，和谐得体。拱眼画总面积
为13.62平方米。

大雄殿全部泥壁，壁画用色，计有20余种色调，
以矿物为主。有金箔、银箔、瓷粉、古墨、麻油、飞
铅、银朱、红丹、赭石、孔雀石、大青等。色料中还
配有麝香、洗片、翠玉、珊瑚、珍珠等。因此壁画生
光吐香，厚重久远。

大雄殿壁画，是宝梵寺得享盛誉的主体内容，深
受古今中外文化艺术科技界所推崇。大雄殿在建造
之日即精工设计出12壁画壁，12方拱眼，专供名师
作画。

龙藏寺位于四川新都新繁镇，原名慈惠庵，始建
于公元629年，宋大中祥符年间扩大为寺，更名为龙

藏寺，元末毁，明洪武初和清康熙初先后再建。经清初高僧大朗和晚清诗僧雪堂主持，敬贤重才，招致文人荟萃，诗人书法家辈出，建龙藏寺碑林，树大朗和尚筑堰治水功德碑。

寺内风景秀丽，古树众多，珍藏着9幅精美的明代壁画，并汇聚了苏轼、黄庭坚、文徵明、王守仁、董其昌、石涛、刘墉、梁同书、王文治、何绍基等古今著名书法家的200余座碑刻。

其中，大殿里气势恢弘、绘画精美的壁画更是被视为艺术精品，被称作"天龙八部"。

龙藏寺壁画通过佛教经典内容展现现实生活场景，充满真实的生活情趣，如左、右壁善财童子五十三参故事中，有一幅众艺童子，纯粹是明代杂技图。

壁画均采用工笔重彩，线描与沥粉贴金相结合的技法，颜料以矿物颜料为主，色泽经久不变。沥粉施用于描绘画中的建筑、云树和物件的轮廓、佛、菩萨的宝冠、璎珞和衣纹，即光彩夺目又富于立体感。同时，壁画涉猎内容之广泛为其他明代佛教壁画所少见，这为研究明代社会和佛教艺术提供了珍贵资料。

慈航普渡

寺观壁画

阅读链接

四川的壁画，具有独特的风格。它所选择的题材很广泛，有佛、菩萨、经变、天龙八部和佛本身故事，也有云天、烟树、亭树、楼台等景物风光。在技法上，有的粗豪奔放，有的织绣工整。从色彩来看，也风貌各异，有的朴实淡雅，有的金碧辉煌。

四川壁画，集中在川西北一带，包括新繁、彭具、广汉、梓潼，直到剑阁、广元，再由阆中、蓬溪、资中，经蒲江、新津等。把这些壁画一幅幅地连接起来，就会形成一道长达数百米的彩色画廊。

滇西奇葩丽江寺院壁画

丽江寺庙壁画

云南丽江寺院壁画是滇西北少数民族艺术的奇葩，它以其独特的艺术风姿，吸引着历代艺术家和游客。

丽江寺院壁画是明代木氏土司聘请汉族、藏族、纳西族等民族的画匠绘制的，分布在玉龙关的觉显寺、护法堂等十余处，共55堵，总面积139.22平方米。

它以白沙大宝积宫为中心，包括琉璃殿、大定阁、福国寺的护法堂，束河的大觉宫和大研镇的皈依堂等处残存的壁画。规模最大的是大宝积宫的12壁。其中一壁高2.07米，宽4.48米，共画人物600尊，人物形态各异。

大宝积宫是云南丽江白沙的古建宫殿。根据檐匾额之"万历壬子"落款，此宫殿建于公元1612年，宫内留存壁画12幅，较大的有3幅。这3幅是正面的《如来讲经说法图》，右面的《观世音普门品图》和左面的《南无孔雀明王大佛母海会图》。

大宝积宫的名字以及宫内这3幅较大壁画的名字和内容，均取自汉传佛教藏经的内容。汉传佛教大藏经中有大乘五大部，即般若部、宝积部、华严部、大集部、涅槃部。大宝积宫则取名于"宝积部"之《大宝积经》。《大宝积经》120卷，唐代菩提流志于公元706年开译，公元713年完成。

《如来讲经说法》图的内容是《大宝积经》中的《佛说无量寿如来会》经变。图中展示的是佛说无量寿如来会的盛大场面。主尊为释迦牟尼佛，佛陀朱衣金身端坐正中，听众是诸大声闻众，菩萨摩诃萨众。另有明王、诸天，龙部等诸护法众，佛为说往昔法处比丘四十八愿，现成无量寿佛。

《观世音普门品》图取自《妙法莲花经》28品之

■ 大宝积宫壁画

般若 梵语的译音，全称"般若波罗蜜多"或"般若波罗蜜"。意译"智慧"，佛教用以指如实理解一切事物的智慧，为表示有别于一般所指的智慧，故用音译。大乘佛教称之为"诸佛之母"。

■ 大宝积宫壁画

壁画遗韵

古代壁画与古墓丹青

辟支佛 辟支迦佛陀的简称，指过去生曾经种下因缘，进而出生在无佛之世，因性好寂静，或行头陀，无师友教导，而以智慧独自悟道，通说为观察十二因缘，进而得到证悟而解脱生死、证果之人。所以亦称为"独觉"或"缘觉"。

25品《观世音菩萨普门品》。《妙法莲花经》为后秦鸠摩罗什译，7卷28品，近7万字。第25品则是《观世音菩萨普门品》，经文说无尽意菩萨请问观世音菩萨的神通因缘，佛为说观世音菩萨的普门示现，说观世音菩萨得名的过程和因缘。

佛说观世音菩萨此32种应化身之种种形式，随三界六道之不同状况和需要而变化为适宜的形象和身份，普救众生随时所遇之12次大难。观世音菩萨神奇法力，众生但能一心称观世音菩萨名号，苦难即得解脱。

《观世音菩萨普门品》图高2.03米，长4.46米，所展示的是观世音菩萨32种应身和众生所遇12次大难事。主尊是三面七臂观音。七臂右3左4，右手持钺斧、竹箭、宝剑；左手持镑鏵、宝弓、与愿印、宝瓶。结跏趺坐于金莲花座。十圣观音菩萨绘在群山上方彩云间，图下两边绘四大天王。主尊两边绘推落大火坑、各执刀加害、临刑欲寿终、气毒烟火然、降雹澍大雨等诸难事。

西侧画人，人遇水、火、盗、虎等场面。画中有3个旅行的人，各带包裹雨伞，一遇虎，另一遇盗；左侧画一犯人，赤膊带枷跪地，一差役揪住他的头发，另一差役举剑欲砍，旁有二吏，指点交谈，似主谋者；右侧画一人遇火。这些遇难者，于危急时口念观世音，就逢凶化吉，虎盗不敢伤人，差人屠剑自断，火堆变成浅水荷塘。

右侧下部有一班百姓，向着正中观音或跪或立，顶礼膜拜。观音莲座上有藏文题记。画虽是明显的宗教宣传，但从图中的官吏、差役、旅人和百姓身上，能够看到明代边疆社会生活的一些侧影。

画的上部，有小观音八尊，亦各具神态，右上第三尊观音，倚手沉思，神态特妙。这些场面以山石云烟隔开，将它们有机地组织在一个大画面里，布局匀称，错落有致。

《南无孔雀明王大佛母海会》图取自《佛母大孔雀明王经》和他的仪轨《佛说大孔雀明王画像坛场仪轨》，所展示的是"孔雀经"和"孔雀经仪轨"中的内容。

仪轨中的孔雀明王为一面四臂，壁画中的孔雀明王则是三面八臂。右手持宝剑、法轮、宝棒、与愿印；左手持宝幢、宝瓶、孔雀尾、托钵，托钵中有宝珠。头着宝冠，一脸慈祥，结跏趺坐在金莲花座上。紧靠孔雀明王两边的是众弟子声闻缘觉，须弥座两边是胁持菩萨，座前两边是辟支佛与弟子，辟支佛身后是四大天王，图正中下方画展翅飞翔的孔雀，孔雀上方则是孔雀经曼陀罗图。

大宝积宫壁画

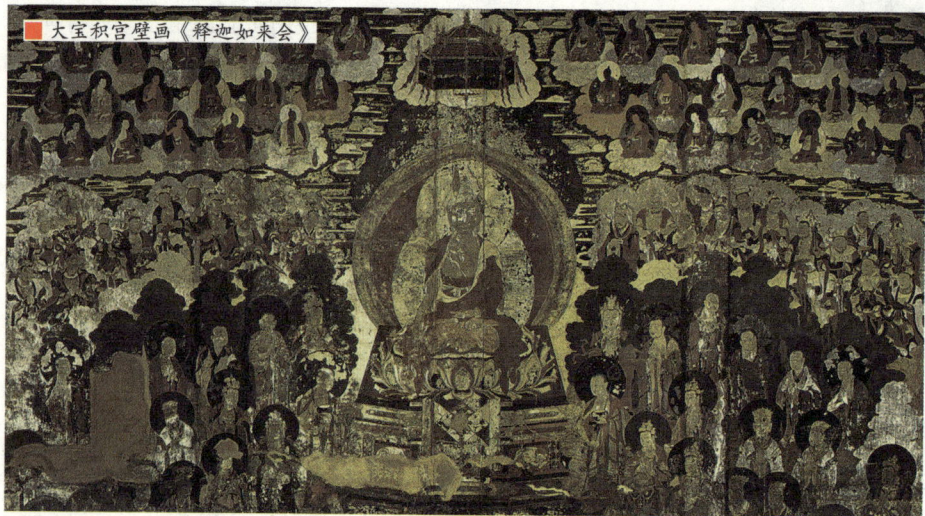
大宝积宫壁画《释迦如来会》

壁画上方云彩中绘有二十八宿及十二宫。中有双层六面红色宝盖。其余的各诸神祇分别绘于主尊两旁，左侧上一组四人似雷公电母，孔雀经中是为"行雨罗刹女、震雷罗刹女、击声罗刹女、击电罗刹女。"或"震声龙王、雷电龙王、击发龙王、降雨龙王。"似八大天女者，孔雀经中是女鬼之代表八大女鬼，或是罗刹女代表八大罗刹女。

右上图诸龙王者，应该是代表孔雀经中一百七十七大龙王。主尊座下有金书藏文题名"南无孔雀明王大佛母海会。"

《南无孔雀明王大佛母海会》图描绘了《佛母大孔雀明王经》中诸佛菩萨等神明齐聚此地的壮观场面。当然，海会并无海，形容诸神祇无量无边如大海一般，齐聚此孔雀经坛场，共同宣说佛母明王大陀罗尼。

大宝积宫中有3幅图，《佛说无量寿如来会图》居中，位置高于其他两幅图，面积相当于其他两幅图的面积之总和。"如来会"图上方宝冠是"八面四层红顶金裙宝冠"，而其他两幅图中的宝冠则是"六面三层红顶宝冠。"

在西壁上的《莲花生祖师图》，正中画的是藏传佛教的祖师莲华生。在壁画中，他头戴七宝冠，合掌坐于莲座上，黑衣，头微倾。座下立二小天女，神态优美，四周画百工之神，或坐，或立，或舞，或骑马、舂米、坐船、打猎、木作、纺织、捕鱼、打铁、砍柴等等，是一幅内容丰富的边疆社会生活画卷。

北壁9号铺主像金刚亥母，两侧展现的四像原身均作猪形，显然为嘛教神像。11号铺中央绘天、地、水3官，上列文昌、真武，下列四天君，则纯属道教神像。在艺术手法方面，使用金色和朱线，明显受藏画影响，显现出汉藏交融的风格。因此，云南丽江地区的寺庙壁画，反映了民族文化融合的特色。

唐代盛行大型壁画，用壁画形式演绎佛教经变。公元845年法难，佛教在京都受到限制，加快速度向长安以外的地区传播。壁画这个形式也同样加速向边疆，向少数民族地区传递。宋元明时期佛教又趋兴盛，佛教绘画的形式就又多了起来。

丽江处在一个特殊的地理位置。北传佛教从中原南下，从海路传入长江下游，再传云南。特别是两宋时期，四川密教盛传，经古道传入滇南有之，藏传佛教随贸易的走动亦布诸镇。

滇南的佛教吸纳百川，已经成为"全方位"的佛教。元代郭松年著《大理记行》中所说，足见佛教传播在此之深入，受道之细微：

121

慈航普渡

寺观壁画

■ 丽江白沙大觉宫壁画

> 大理一邑，僧寺之多，是冠南省，宏博壮丽，彷佛庭殿宫阙。此帮人士，西去天竺为近，其俗多尚浮屠法。家无贫富，贵有佛堂。人不以老壮，手不释数珠。一岁之间，斋戒过半。绝不茹荤饮酒。

丽江白沙大宝积宫的3幅壁画，是佛教显密圆融的图画，然而又增添了滇南地域的民族特点，杂糅着多种风俗文化，烙上了重重的历史印迹。汉传佛教在"彩云之南"留下了美美的一笔。

丽江束河的大觉宫形成于公元1582年至公元1583年间，东、西两壁，各绘3堵，均以《佛绘图》为中心，左右两侧各绘《九罗汉》，合为《十八罗汉》，每堵长2.16米，宽1.37米；《诸天护法神》，每堵长2.16米，宽1.37米。

这6堵壁画以汉传佛教为题材，主要描绘菩萨、十八罗汉、诸天、帝释、天王、天女等众圣礼佛的场面，其中，融入了密宗的三面八臂观音以及道教的仙真。被认为与白沙大宝积宫壁画不同，自成一体，独具特色，是明代丽江壁画的又一珍品。

阅读链接

丽江许多寺庙殿堂内的壁画，题材都是宗教人物和传说。内地的殿堂壁画，多为一种宗教的内容，而丽江的壁画，在一个殿堂里，甚至在一幅壁画里，常有佛教、道教、喇嘛教三种神像并存的现象。

丽江寺庙殿堂壁画题材的多样性，是多种宗教糅合的结果，这是与丽江所处的特殊地位分不开的。丽江位于滇藏要冲，同时受到汉文化和藏文化的深刻影响。同时，这里各民族杂居，群众的宗教信仰较为复杂，其中尤以佛、道、喇嘛三教为盛。

陵墓壁画

古墓壁画是土墓代替了石墓后，绘于墓室土壁上的精美壁画，不仅是我国古代壁画艺术的重要实物资料，也是研究古代墓葬历史文化的珍贵实物资料。

以汉代陵墓壁画为例，属于西汉时期的有河南洛阳的卜千秋墓壁画、陕西西安的墓室壁画《天象图》；属于新莽时期的有洛阳金谷园新莽墓壁画；属于东汉时期的有山西平陆枣园汉墓壁画《山水图》、河北安平汉墓壁画，以及在内蒙古和林格尔发现的壁画墓等。这些陵墓壁画反映了秦汉时期的厚葬之风。

大气恢宏的洛阳汉墓壁画

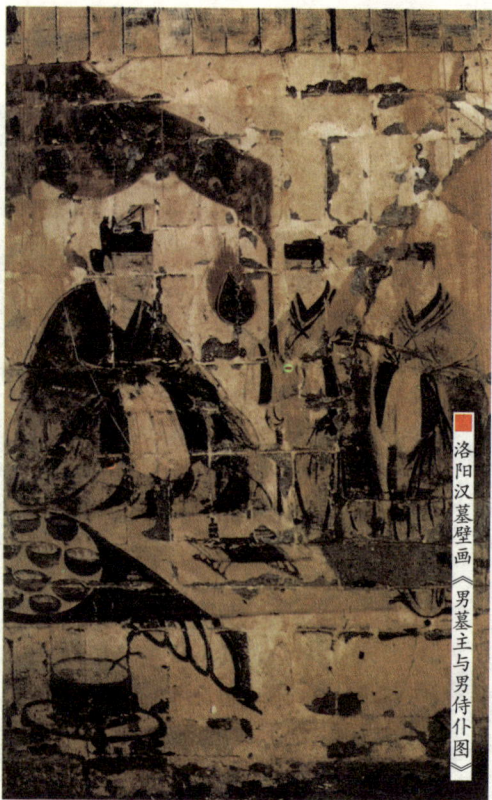

洛阳汉墓壁画《男墓主与男侍仆图》

洛阳在两汉时期曾为陪都和都城，是当时政治、经济、文化的中心。在洛阳发现的大量汉墓壁画遗迹，保存完好，色彩鲜艳，洋洋大观。

通过洛阳汉墓壁画可大致看到两汉壁画发展的脉络。从招魂升天到车骑出行，从日月星象到宴乐歌舞，从宗教迷信到封建礼仪，表明汉代艺术逐渐从神鬼世界走向人的现实生活，稚拙古朴，天真烂漫，从中反映出当时各种艺术的空前发展。

汉代厚葬之风盛行，上至皇室，下至豪门世族，殷富大户，皆崇尚厚葬，追求灵魂不灭。这种从凡俗升华到天国的热切情怀，对未来生活的憧憬与对物质财富的强烈占有欲，在汉墓壁画中得到了充分的体现。

■ 洛阳汉墓壁画《伏羲、太阳图》

洛阳汉代壁画墓共有112座，年代以卜千秋墓为最早，约在西汉昭帝和汉宣帝之间，最晚为朱村壁画墓，当为东汉晚期至曹魏时期。

这里有伏羲女娲的人首蛇身像，有西王母、东王公的传说和形象，这是一个人神杂处、奇异怪诞的世界，这是一个现实图景与神话幻想并存，儒教和谶纬迷信共置一处的浪漫天地。

在这些琳琅满目的汉墓壁画中，不仅可以看到两汉时期墓室的建造技巧和壁画发展的脉络及特点，而且还能感受到汉代人们的情感意趣和思想观念。

洛阳汉墓壁画所涉及内容大致可分为5类：一是神话故事类。主要有东王公、西王母、伏羲、女娲一类仙人和表现天上世界的仙禽神兽，及在"天人感应"论影响下产生的祥瑞图。最具代表性的是卜千秋墓的《升仙图》。

卜千秋墓墓顶平脊上绘一幅完美的卜千秋夫妇升

125

古墓丹青

陵墓壁画

曹魏　我国汉末三国时期由曹操建立的政权，曹操称魏王，其子曹丕称帝，后多称曹魏，由于之后的北魏被称作"后魏"，于是曹魏也被称为"前魏"或者"先魏"。是汉末三国时期最强大的一个政权，其疆域鼎盛时期约为450万平方公里。

■ 洛阳汉墓壁画《卜千秋夫妇升仙图》

女娲 风姓，又称娲皇、女娲娘娘，《史记》中称"女娲氏"。是古代传说中的创世女神，被称为中华民族人文始祖。在伏羲去世之后代替伏羲管理部众，因世间天塌地陷，于是熔彩石以补天，斩龟足以撑天，留下了"女娲补天"的神话传说。

仙图，长4.51米，宽0.31米。图中在13块砖上从前至后依次绘有：女娲、月亮、持节方士、二肖龙、双枭羊、朱雀、白虎、仙女、奔兔、猎犬、蟾蜍、卜千秋夫妇、伏羲、太阳、黄蛇等。

这幅图可以说是长沙马王堆汉墓帛画升仙图的展开形式，长长的升仙队伍，显得气势宏大而壮观，完全是一个"飞龙乘云，腾蛇游雾"的逍遥世界。

二是天像神类。如日、月、星宿、云气和象征四方星座的四神：青龙、白虎、朱雀、玄武。洛阳烧沟61号壁画墓的日月星云图，是我国发现最早的天像图之一。

在这座墓室顶部平脊的12块砖上，从前至后绘出一幅长3.5米，宽0.55米的日月星云图。依次为：太阳、北斗、王帝座、贯索、毕宿、心宿、鬼宿、月亮、虚宿、河鼓、右旗、织女、柳宿、叁星。

三是历史故事类。"以古为镜，可知兴替"，重视历史借鉴，在汉时甚为风行，并以壁画形式引导帝王臣民酌古而鉴今。为了宣扬儒家伦理道德，强调人身依附关系，先秦时期的经史故事多在壁画中出现，比如孔子、周公一类的古代圣贤及猛将义士等。

在洛阳烧沟61号西汉壁画墓中，墓室前堂隔梁正面绘有一幅长卷，高0.25米，长2.06米，图中共绘13个大小不同的人物，左端有三座蓝紫色的小山峦，山右绘三武士，他们情态各异，或拔剑，或扶剑。这幅画所表现的内容，右边八人是《二桃杀三士图》，左边五人是《周公辅成王图》或《孔子师项橐图》。

四是表现墓主享乐生活的燕居、庖厨、宴饮、歌舞、迎宾拜谒等场景。比如偃师辛村新莽墓壁画，此墓壁画共有8幅，其中以《庖厨图》最为著名。

《庖厨图》画中人物众多，形态生动传神，真实地反映了汉代中原地区人们的饮食习俗和浮华奢侈的社会生活场景。

五是表现墓主仕宦经历和身份的车骑出行。例如偃师杏园村东汉墓壁画和朱村东汉曹魏墓壁画，其中杏园村《车马出行图》，色彩深沉厚重，人物动态栩栩如生，画幅长达12米，共绘出9乘安车，70余个人物，50余匹奔马，在当时可谓鸿篇巨制。

■《车马出行图》

《车马出行图》气势雄壮，车骑队伍浩浩荡荡，描绘出一派车辚辚、马萧萧的威赫场面。

洛阳汉墓壁画形制多为砖石结构，西汉用空心砖，东汉用砖券，墓主多为地方豪强和高官显贵。作画者大都是民间画工，他们师徒相传，父子相继，终日伏于墓中，在晃动的油灯下，一笔一画地描绘。

壁画一般都画在顶脊或山墙上，或者室中的两边壁上，概括起来有3种作画方式：一是绘前在空心砖上涂一层白灰泥，然后用墨线勾勒，再施色彩；二是涂抹一层白灰膏于小砖上，再绘壁画；三是用白灰水刷底，绘在墓壁和顶部的砖上，笔画粗犷。

从洛阳汉墓的绘画技法上看，当时主要以毛笔为作画工具，用墨色勾线，用化学性质稳定的朱、绿、黄、橙、紫等矿物质材料为主要颜色。前期壁画笔法稚拙，造型夸张，墨色鲜艳，人物情态惟妙惟肖，画面充满神秘感和运动感。后期壁画造型严谨，向写实方向发展，线条紧劲绵密，繁简有致，动静有序，注重细部刻画，墨色丰富，含蓄深沉。

阅读链接

汉代是我国绘画艺术史上的第一座高峰。作为西汉五大名邑之首及东汉都城的洛阳，两汉时期在政治、经济、文化、艺术上地位之重要，堪与唐代的长安媲美。从20世纪初以来，洛阳地区先后发现两汉时代的壁画墓达十几座之多，其绘画题材之丰富、艺术水平之卓越、延续年代之长久、发展脉络之清晰，均称全国之冠。

洛阳汉墓壁画以其独特的艺术面貌，深沉雄大的气魄充分显示了博大精深的汉民族绘画艺术，为我国绘画的发展写下了辉煌的篇章。

东北文化代表高句丽墓壁画

在我国吉林集安高句丽王城外群山环抱的洞沟平原上，现存近7000座高句丽时期的贵族墓葬，堪称东北亚地区的古墓群之冠。

在高句丽墓许多贵族墓室里，都绘有线条飘逸流畅、内容丰富并具有传奇神话色彩的精美壁画，距今虽已1000多年，仍色彩鲜艳。这些壁画

高句丽墓《托梁力士图》

■ 角觝墓《角觝图》

角觝 我国古代摔跤运动。满语称"布库"，又叫撩脚。清入关前即已盛行。皇宫内时常有摔跤表演和比赛，并专设"善扑营"对摔跤进行训练。在民间也广为流行，比赛开始后，可用摔、绊、背等招式，以把对方摔倒在地为胜。

艺术，是高句丽文化的代表。

高句丽墓群中著名的壁画墓有角觝墓、舞踊墓、马槽墓、冉牟墓、洞沟12号墓、长川墓、五盔坟4号墓、禹山3319号墓四神墓等。

角觝墓位于吉林集安城东北3千米的禹山南麓的坡地上，隶属于洞沟古墓群禹山墓区。因墓中绘有两人角觝壁画，故名"角觝墓"。

角觝墓是一座封土石室壁画墓，截尖方锥形封丘。封土直径15米，高4米。整个墓葬由墓道、甬道、左右耳室和墓室构成。

其中墓室的四角绘有储色一斗三升斗拱，上面承接赭色梁枋，梁相横贯四壁，上有卷云纹组成的三角形脊尖，将墓室分为四壁和藻井两部分。

墓室的东壁所绘《角觝图》最富有特色，人物神情惟妙惟肖，谐趣横生。画面中两位力士正在大树下奋力角觝，双方将头各置于对方肩上，手抓对方腰胯，势均力敌，难解难分。

壁画上的力士都是仅穿着一条短裤，赤裸着上身，系头巾。左边力士高高的鼻梁，眼窝深陷，短短的胡须向上翘起来，似为西域胡人。右边力士蓄汉式短胡须。

力士右侧有一位白发长胡须的老者，巾结系腰，拄着拐杖，可惜面部已经脱落，是观赏者还是裁判就无从得知了。

北壁正对甬道，梁枕下画有与北壁等长的帷幔。帷幔的上方有一道窄梁，大概是象征着屋宇。檐上有等距的3个尖状屋脊。

屋内绘有《家居宴饮图》，画面中墓主双手叠压在一起，叉腿坐在木几之上。

与墓主相对的右侧，有两位女子次第跪坐在毡毯上面，都是双手合抱于胸前，低头朝向墓主，应该是墓主的妻妾。

在墓主左右的案桌上放置着弓箭、食具，而妻妾面前的案几上摆放着食物。

墓主左侧绘有

131

古墓丹青

陵墓壁画

■ 角牴墓《天象图》

■ 舞踊墓《歌舞图》

耳室 我国古代建筑名称。耳室一般位于正屋两侧，恰如两耳在人脸的两侧，因而得名。耳室一般作为仓库使用。宋代以前墓穴之砖室，两旁砖壁中有小室，亦称耳室。另外，耳室在医学上也常常用来作为外耳道到中耳的代称，但这是不专业的叫法。

一坐者，画面已剥落，无法推知这个人的情况。

北壁最下方原绘有花草等图案，现在已经模糊不清。屋内外各绘有一个比例很小的仆人，拱手垂立。

墓室的西壁绘有《备乘图》，图中两棵大树占据画面的大部分空间，树下有一列整装待发的队伍。

队伍的前面是两匹鞍马，每匹鞍马都有驾驭者。其后有侍从和一辆牛车，均面北朝向墓主。

角牴墓壁画以社会风俗为主题，表现了墓主人生前享乐的场面，尤以角牴图神情毕肖、谐趣横生，为高句丽壁画仅见。根据比较研究，其建造年代约在4世纪左右。

舞踊墓位于集安城东北3千米，因墓中绘有群舞画面而得名。该墓为封土石室壁画墓，截尖方锥形封丘，封土边长17米，高4米。

墓葬用石材砌筑墓道、甬道、耳室及墓室，外培黄褐色黏土成丘，墓室、甬道、耳室均用白灰涂抹，上绘彩色壁画。

这些壁画题材独特，是高句丽贵族生活的写照。群舞画面上优美的舞姿给人以清新的感受，舞者如觉其动，歌者如闻其声，是高句丽保存下来的珍贵舞蹈资料。

马槽墓是一座封土石室双室壁画墓，外呈截尖方锥形，周长90米、高4.6米。墓内分南北二室，各自有墓门和甬道。两墓室均用石块砌筑，墓室四壁、耳室及甬道上均有壁画。

南墓室后壁通壁绘一屋宇，屋宇内夫妻对坐，周围是奴仆、侍女等人物。

屋宇上方绘红黑相间的七朵正视莲花。左右两壁绘礼辇图，前壁室门两侧绘舞乐图及守门犬。

甬道右侧耳室后壁与左壁绘马厩图，上拴红色、黄色、青色马各

狩猎图

■ 高句丽墓壁画

壁画遗韵

古代壁画与古墓丹青

一匹，十分神骏。甬道左侧耳室后壁绘作画图，甬道两壁绘狩猎图。

北墓室主壁绘夫妻对坐图，右壁绘狩猎图，左壁绘武士斩俘图，为高句丽壁画中仅见。

环纹墓为截尖方锥形封土石室墓，封土残高约为3米，周长80米。

此墓墓室平面略呈正方形，墓室与墓道底部均用石材铺成，四壁均用白灰涂沫，上绘壁画。

墓道两侧各绘怪兽图。北壁怪兽身饰虎纹，背上羽毛飞扬；南壁怪兽身饰条纹、环纹。壁画布局严谨、工整、对称，色彩鲜艳、技法娴熟，颇具特色。

墓室四壁绘画，梁枋、绘柱、斗拱俱全，并绘彩色环纹20余个，整个墓室宛如一座彩绘的屋宇。墓室顶部残留有青龙、白虎图画形迹，为四神图像。

洞沟12号墓位于高山南麓平缓的坡地，也称"马槽墓"，墓室中因画有《马厩图》而得名。它是一个高句丽早期壁画墓。

北侧20余米为另一座高句丽壁画墓，即散莲花墓；南侧与集锡公路相接，距五盔坟约460米。

两座墓室均由大小不等的石块砌筑，上面涂抹白灰。与其他早期壁画墓不同的是，白灰上似曾涂有一层胶状物，以求光洁耐久。

墓室四壁、耳室及用道的壁上，均绘有壁画。以朱、黄、白、黑等色彩为主。可惜随着岁月的流逝，大部分壁画已脱落或漫漶不清，但从残存部分还可以辨认出夫妻对坐、战斗、射猎、舞乐、厩舍、礼辇、作画等图像。

南墓室后壁整幅绘成一座屋宇，青瓦覆盖屋宇。屋内绘有夫妻两人，男主人坐在左侧长方形矮榻上面，女主人拱手跪坐在右侧，周围绘有奴仆、侍女等。

左右两壁壁画大部分脱落。右壁中部还可以看出一幅《车辇图》。一名童子手扶车辕向东行走，车前有三名侍者。

左壁左端绘有一名男侍，手挽车辕向前行走，车后有侍女跟随。

墓门右侧上部绘有一名姿态优美的舞蹈者，以及一名跪坐抚琴的伴奏者；下部绘一条蹲伏的守门犬，昂首竖耳。

高句丽墓壁画

■ 高句丽墓室壁画
《狩猎图》

鳞甲 是我国古代
使用最广泛的一
种铠甲，在古代
各朝的军队中，
都有鳞甲的出
现。鳞甲之所以
出现，可能是因
为小片金属易于
加工。一般由铁
丝或铁环套扣缀
合成衣状，每环
与另四个环相套
扣，形如网锁。
是由西域传入我
国的。

藻井第一重顶石绘菱形云纹图案，其余各层均绘有仰视莲花图案。

甬道右侧耳室后壁与左壁绘有《马厩图》，这是该墓室中较为著名的一幅壁画。画中的马厩内，横放着黄色的马槽，上面拴着红色、黄色、青色3匹马，昂首并立。

在该墓室左壁上还绘有一件青色的马鞍具，右壁壁画已脱落。

墓室甬道左侧耳室的后壁，绘有《作画图》，画中一位面目清癯、体态修长的老者，他右手持笔伸向前方，作绘画姿势。

北墓室主壁绘有《夫妻对坐图》，图中夫妻周围有男女仆人侍立。

北墓室左壁后段绘《斩俘图》。画中有一名武士身披鱼鳞甲，身后有一匹黄马，身前跪着一名披着铠甲的俘虏。此时，武士左手伸向俘虏，右手举刀，正要斩杀俘虏。

北墓室右壁绘《狩猎图》，画中一人身穿鳞甲，骑着红色的马；另一人身穿白色字铠甲，骑着白色的马。两人张弓搭箭，逐鹿山林。

从墓葬结构和壁画内容看，洞沟12号墓的墓主应是高句丽的贵族，壁画中的台榭楼阁、厩满马肥、歌舞宴乐、奴婢成群，应是墓主生前生活的写照。根据壁画的内容也可推测，洞沟12号墓的建造年代大约为5世纪。

冉牟墓位于集安城东北12公里处太王乡下解放村。墓主冉牟为高句丽贵族，其先祖曾官至"大兄"。

冉牟墓为截尖方锥形封土石室墓，周长70米，封土高4米。墓内有前后两室，中有甬道相通。前室平面呈横长方形，后室平面呈方形，靠左右壁各置一石棺床。

墓道、甬道、墓室内白灰壁画保存尚好，前室四壁与顶部交界处由宽20厘米的长石条构成梁枋。

高句丽墓壁画

壁画遗韵

古代壁画与古墓丹青

长川1号墓壁画

隶书 亦称汉隶，是我国汉字中常见的一种庄重的字体，书写效果略微宽扁，横画长而直画短，呈长方形状，讲究"蚕头雁尾""一波三折"。隶书起源于秦朝，由程邈形理而成，在东汉时期达到顶峰。

最为珍贵的是此室正壁梁枋上的牟头娄墨书题记。正文79行，每行10字，纵横间以界格，另有题两行。全文800多字，可辨识者350余字，题字为隶书，有汉简书法风格，工整流畅。

这篇墨书题记是仅次于"好太王碑"的长篇文字资料，对于研究高句丽的历史具有十分重要的价值。

长川墓分为长川1号墓和长川2号墓。长川1号墓是一座封土石室壁画墓。它坐落在集安市区东北20公里黄柏乡长川东村北山坡上，村南300米是鸭绿江。

这座墓由墓道、前室、甬道、后室组成，用工整的花岗岩石条砌筑，白灰抹平。

长川1号墓以丰富多彩的壁画著称。长川1号墓前室、后室、四壁藻井、甬道两壁石门正面以及棺床表面，均彩绘壁画。大部分壁画形象清晰、色泽艳丽、内容新颖。

长川1号壁画墓是一座重要的高句丽贵族墓葬，这座墓葬的视野摄取了100多个人物的形象，展现了高句丽社会的生活风貌和浓重的佛教气息。

墓中的礼佛图是高句丽古墓壁画中所仅见的，为研究佛教在高句丽的流传情况提供了难得的资料。壁画虽经历1500多年的风雨剥蚀，依然完好，色彩鲜明。

长川2号墓位于集安城东25公里处黄柏乡长川墓群东部的二级台地上，为封土石室壁画墓，呈截尖锥形，周长143米，残高6米。

长川2号墓是长川墓群中形体最大的一座。宏伟的墓室、精致的石棺、绚丽的壁画以及大量鎏金饰品的出土，说明墓主人身份很高，疑为当时王族中颇有权势的显赫人物。此墓的年代约在5世纪末。

五盔坟4号墓属于高句丽晚期壁画墓的典型墓葬，位于禹山贵族墓

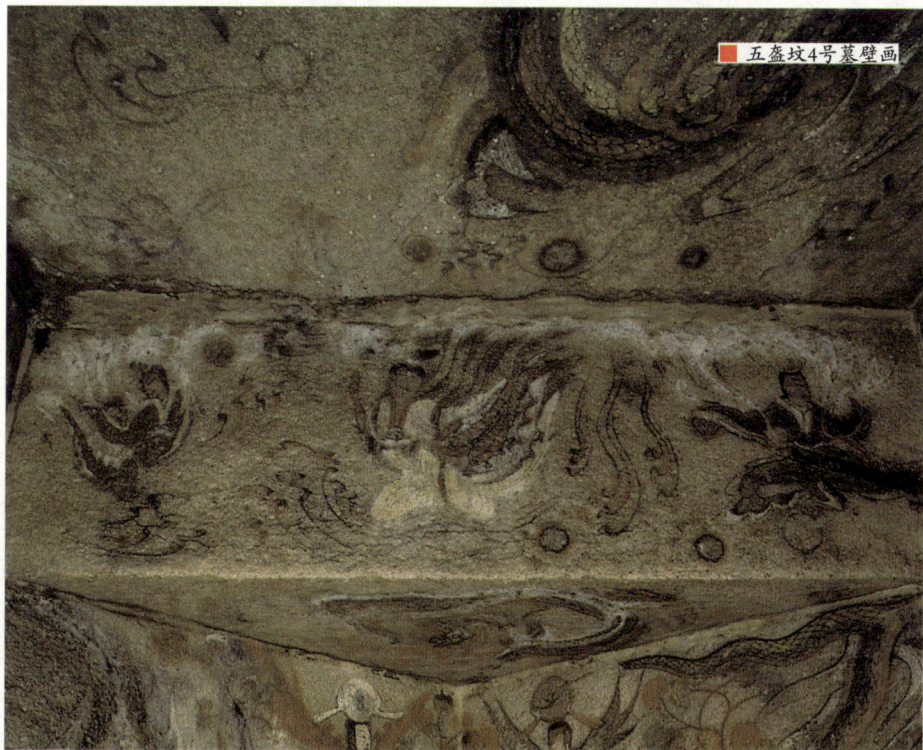

五盔坟4号墓壁画

五盔坟4号墓《玄武图》

地景区内，在吉林集安洞沟盆地的中部。

这个墓名的由来，和墓群的造型和编号有关。在洞沟古墓群禹山墓区内有五座巨大的封土墓，东西向排列在一条直线上，形似五个巨大的头盔。当地人称之为"五盔坟"。4号墓即由西向东的第四座墓葬。

五盔坟4号墓的墓室四壁绘四神，以网状莲花火焰锦连续图案为衬地，在网纹衬地里绘有人物图像，或坐或立于莲台上，姿态各异。

墓室的东壁绘有《青龙图》。图中龙首高昂，龙口张开，吐出红舌。龙身一波三折，前肢平伸张爪，后肢用力蹬开，装饰白羽，向南飞腾而去。

整个龙的眉羽、眼睛、犄角描绘得淋漓尽致。龙身为黄、绿、红褐色，龙颈为红、黄、粉色，以黑色斜方格勾勒鳞纹。

墓室的南壁绘有《朱雀图》。画面中的神鸟通体为红色，足踏莲台，展翅修尾，引颈长鸣。

墓室的西壁绘有《白虎图》。画中之虎与东壁青龙相对称，也向南作飞扑的姿势。虎身为白色，以墨线勾勒出皮纹，细长的腰身，尾巴向上翘起。

整体看来，图中的这只老虎虎头高昂，虎目圆睁，虎口大开，露出白色的獠牙，显得异常威猛。

墓室的北壁绘有《玄武图》。画面中一条大蛇缠绕在一只龟身上。两首相对，两尾相交，似争斗、似嬉戏。蛇身为五种颜色，与青龙相同。图中的龟，其背为红褐色，无甲纹。

墓室中所绘制的这四神，还是有缘由的。在古代四神，亦称"四灵"，即朱雀、玄武、青龙、白虎，是远古先民对天上二十八星宿所构成的四组图像的称谓。

过去古人以为四神是上天向正四方而派出的神灵。因此有南朱雀、北玄武、东苍龙、西白虎之说。墓室中东南西北各壁上的壁画，正是与这种说法相对应。

四壁以上为梁枋，梁枋上共绘有8条龙，每面两条相缠。在整个墓室壁画中，共有龙30多条。龙是身份地位的象征，普通百姓的墓室中

藻井壁画

■ 藻井壁画

是不可能绘有龙的，据此推断，五盔坟4号墓的墓主至少是高句丽的贵族。

墓室四角绘有相同的托梁怪兽。图中的形象是兽面人身，头上长角。左腿屈曲右腿后蹬，双臂奋力上举，托起两条盘曲的龙。

墓室藻井部分也有壁画，这里的壁画内容以神仙、羽人、飞天、伎乐仙人为主。

第一重抹角石相交处各角的壁画最典型。东角两抹角石绘的是《神农氏燧人氏图》。这幅画面反映人类结束了茹毛饮血的时代，开始从事农业生产。

图中左侧神农氏牛首人身，传说神农氏是农业的始祖。神农氏手持禾穗，教人以五谷。右侧的是燧人氏，传说他是钻木取火的发明者，被尊为三皇之首，奉为"人祖"。图中的燧人氏手持火把，教人用火。

南角两抹角石所绘的是《奚仲父子图》。奚仲为传说中马车的创制者。画面中一人在树下冶铁，一人在造车轮，表现了古代手工业生产的状况。

西角两抹角石绘一乘龙仙人，头戴平天冠，身着袍服，似为传说中的黄帝。后面有一人乘飞廉，手持旗幡为仪仗。据分析，这幅图的画面反映了远古国家政权产生的历史。

北角两抹角石所绘的是《伏羲女娲图》，形象均为人的上半身、龙的下半身。

图中的右侧伏羲为男子形象，双手高举一个绘有三足鸟的圆盘，象征太阳。在我国古代传说中，伏羲是东方的天帝，是华青氏踩了雷泽中雷神的足印而生出的儿子。

图中的左侧女娲为女子形象，面色白皙，长发披肩。手举一个绘有蟾蜍的圆盘，象征月亮。女娲是创世女神，她用黄色的泥土创造了人类。

据说，伏羲和女娲结成夫妇以后，分别成了"人祖爷"和"人祖

藻井壁画

■ 高句丽墓《献食图》

蟠龙 指我国民间传说中蛰伏在地而未升天之龙，龙的形状作盘曲环绕。在我国古代建筑中，一般把盘绕在柱上的龙和装饰在梁上、天花板上的龙均习惯地称为蟠龙。相传蟠龙是东海龙王的第十五个儿子，曾施法降雨、驱逐怪兽造福于人间，最后累死于大地上。

奶"。因此，后人认为这幅《伏羲女娲图》，寓意着人类的诞生。

除了上面3处壁画外，在第一重抹角石四面正中处，各绘有一条龙。背部高高躬起，似在顶托上方的石条。龙头低首回顾，龙口张开，而且口中有洞，可能原镶嵌有夜明珠一类的珠宝。

在第二重抹角石上，绘有日月星辰和伎乐仙人。伎乐仙人弹奏的乐器有琴、腰鼓、长笛等，这和当时高句丽乐器种类的繁多有一定的关系。据说当年高句丽的乐器十分丰富，壁画墓中描绘的乐器就多达21种，包括玄琴、筝、长笛、鼓等。

墓室的盖顶石为一整块菱形石板，上面绘有一条五彩蟠龙，张口吐舌，昂首盘旋。

据考证，五盔坟4号墓的建造年代约在6世纪末7世纪初。其丰富多彩的壁画题材，是高句丽民族在艺术追求上的充分显示，也透射出对中原文化绘画传统的借鉴与改造。

五盔坟4号墓中的壁画构图严谨，布局得当，形象生动，线条奔放有力，色彩热烈浓重，用红、黄、白、黑、绿、赭等色，直接画在石面上，异常牢固，色泽如新，属于高句丽晚期墓，代表着高句丽壁画艺术的较高成就。

禹山3319号墓是一个高句丽贵族墓葬，位于洞沟古墓群禹山墓区的西端，集安市区北侧的小山岗上。出土文物有鸡首壶、熏炉、耳杯、虎子。这些都是当时晋朝的流行器具，在高句丽墓葬中不多见，应是从中原传入的。

在墓葬南面的左右两侧，各立有一巨大的石块。左侧石块表面较平整，上面刻有一人物形象。石刻所

鸡首壶 因壶嘴作鸡首状而得名。是我国西晋至唐初流行的一种瓷壶。西晋时器形较小，圆腹，肩部贴一鸡首，小而无颈。壶嘴有的可通，有的是实心，壶肩部有系，小平底。隋代壶身更高，鸡颈不仅更长，而且作仰首啼鸣状，鸡尾柄变塑贴龙首柄，系的开关更加复杂。

■ 四神墓仙人驾鹤图

用的石材为灰绿色沉积岩。画面长1.04米，宽0.54米，单刀阴刻。所刻人像脸作桃形，双目上斜，鼻梁笔直，鼻翼肥厚，小口，耳作弓形。

人像的颈部以下只用简单的弧线象征肩臂，并收缩为狭窄的身躯。半裸身，胸前以两个带圆心的圈表示乳头。颈部至胸部，有一周19个以两乳头中间为凿刻的圆点。又以此为中心，横、竖分别有两列呈十字形的圆点。据推测，这处石刻所表现的内容应与祭犯或崇拜相关。

四神墓位于集安城东两公里处的禹山南麓。因墓内绘有四神像而得名，也称"四神冢"。墓内壁画以朱、黄、赭、紫、石黄、石青、胡粉等鲜艳的矿物颜色，直接绘于四壁的岩石之上，五彩缤纷，颇为绚丽。

墓室四壁上绘的四神构图严谨，笔力豪放，线条遒劲简练，色调强烈明朗。满壁飞云辅以星辰，有动有静，技艺高超。从建筑规模到壁画内容，显示出墓主人的高贵身份。

集安古墓壁画内容丰富多彩，早期和中期壁画拙朴、雅气，充满灵性，十分贴近现实生活，流露出一种天真和幽默，好似一部形象的历史长卷，真实而生动地再现了高句丽民族的乡土乡情和社会风貌。

阅读链接

被誉为"东北亚艺术宝库"的高句丽壁画墓，记载了我国古代东北少数民族的特殊文化，是5000年华夏文明的一朵奇葩。高句丽壁画的内容再现了高句丽王公贵族家居、宴饮、歌舞、百戏、出行等社会生活。绘画方式一般是在石壁上抹白灰，然后在白灰上作画。

壁画作品比较好地反映出该民族的独特传统，比如酷似今天日本相扑的角抵运动，骑马狩猎的场景等，还有长白山森林中常见的虎、鹿、野猪、熊、狍子、白兔、雉鸡等动物。

华丽绚烂的西安古墓壁画

　　西安是我国古代重要的都城，在渭水两岸的京畿陵区，分布着这个时期高规格的墓葬，发现有汉至唐时期的壁画墓。

　　我国年代最早、保存最完整的二十八星宿天文图就在西安的西汉壁画墓里，汉墓内壁被色彩填满了。它的下半部分，是表示人间的山峦、鸟兽，上半部分则是象征天上的云、鹤、日月，二十八星宿，人

西安汉墓壁画

間和天堂之間，用朱砂繪制的菱形網格分開。

壁畫上半部的天堂場景，用石青和漢紫構成的雲霧在"天空"繚繞，猶如仙境，仙鶴婀娜舒展，體態各有不同。

墓頂南部繪有太陽，北部繪有月亮，日月的外圍，被一圈星宿即二十八星宿包圍，星星是一顆顆白點，同一"宿"的星用線連接。

"女宿"是一位坐着的女子，代表織女，牛宿各星相連組成了一頭牛。最有趣的是"鬼宿"，好像兩個人抬着個滑竿，中間坐着一個穿着黑衣的"鬼"。

鬼宿中間的"鬼"其實是一個移動星團，看起來就是一團白色的煙氣，古人稱它"積尸氣"，相對于其他恒星，這個星團在不斷地移動，儼然一副"鬼相"，不過它的移動速度非常緩慢。

東方蒼龍左后爪處一顆紅色的星是心宿中的"大火星"，它非常重要，整個漢墓的星圖中，只有這一

壁畫遺韻

古代壁畫與古墓丹青

■ 西安漢墓壁畫

二十八星宿

我國古代天文學說之一，又稱二十八舍或二十八星。我國古代的天文學，把天上重要的恒星分成了28個"宿"，這28個星宿，又分屬于代表四個方位的四像。二十八星宿的運行和變化，對于我國古代的農業、歷法、占卜都有重要影響。

颗红色的星。

在古人眼里，大火星被拟为"明堂"，就是天子祭祀天神的殿堂。不仅如此，大火星在我国古代的农业生产中担当着重要的角色，每年春天，只要大火星从东方地平线上升起，人们便知道：这一年的春耕要开始了。因为大火星升起后，气候便开始逐渐回暖，不会再有大的寒潮了。

隋唐是在经历了南北朝长期分裂之后建立起来的统一王朝，西安作为隋唐都城，前后长达300多年。隋朝因立国短暂，所以有隋代纪年的壁画墓发现的并不多，所现的主要有在西安东郊韩森寨发掘的隋开皇年间的吕武墓，白鹿原隋大业年间的刘世恭墓和李椿夫妇墓等。

唐代国力强盛，帝王崇尚厚葬，自唐太宗李世民营建昭陵，开创了依山为陵的先例之后，唐朝各代

李世民（公元598年—公元649年），唐朝第二位皇帝。在位期间，积极听取群臣的意见，以文治天下，并开疆拓土，虚心纳谏，在国内厉行节约，并使百姓能够休养生息，终于使得社会出现了国泰民安的局面，开创了我国历史上著名的"贞观之治"。

■ 西安汉墓壁画

■ 狩猎人物图

帝王的陵寝多依山构筑，在西安周围的乾县、礼县、泾阳、三原、富平、蒲城等东西绵延百公里的范围内，分布着唐朝18座帝王陵墓。

目前发现的唐代壁画墓，主要集中在献陵、昭陵和乾陵的范围内。唐高祖李渊的献陵陪葬墓为30座，墓主人大多是皇室宗亲，经发掘发现壁画墓有高祖第十五子李凤墓，高祖第六女房陵公主墓等。

其中李凤墓墓室顶部绘星象，甬道两侧在长廊建筑中的各间内绘女侍，过洞西壁绘有牵驼图，是陪葬墓中年代较早的实例。

在西安地区，唐代的壁画墓除上述的帝王陵及陪葬墓外，在西安市郊和毗邻的京畿地区，还发现了大量的唐代壁画墓。重要者有武周天授元年金乡县主与其夫于隐的合葬墓，天宝四年苏思勗墓，兴元元年唐安公主墓，显庆三年执失奉节墓，景龙二年韦浩墓，景龙四年韦洞墓，中唐的韦氏墓，贞观四年淮安王李寿墓，景云元年节愍太子李重俊墓等。

李寿墓墓址在陕西三原县，是唐墓中年代最早的一座。墓道东西两壁，上层绘飞天、狩猎图，下层绘骑马出行图，由42匹马和81人组成，队伍严整，气势显赫。过洞及天井东西壁下层绘步行仪仗队12幅。

第四天井东西壁下层各绘大型戟架两副，旁有仪仗队3列。第一、第二、第三、第四过洞及甬道南壁均绘有重楼建筑。第三天井上部脱落下的壁画残片，有牛车、牛耕、播种、饲养家禽、推磨、担水、膳事等画面。

甬道口的东西壁上部各绘一飞天，下部两人，一佩剑，一持弓。甬道中部东西壁绘人物众多的内侍图、侍女图。甬道后段，东壁绘一寺院，西壁绘一道观，均有人物活动于其中。墓室西壁上部绘马厩及草料库，北壁东部绘一庭院，内有贵妇和侍女在游园及乐舞一组，南壁下部墓门两侧下部绘侍女图。壁画基本上使用铁线描，旗帜着色用平涂法，人物面部、服饰用晕染法。

唐代李爽墓壁画残存壁画25幅，较完整的有16幅。墓道进口处东壁，残留6个着乌皮靴的人的下半身。甬道口外东西墙壁上用朱红色绘宫殿。由甬道口向内，东壁画面依次为：执笏躬身男文吏、执笏直立女子、执拂尘女子、吹箫男乐人、执拂尘女子、执团扇女子等。

北壁画面由东向西依次为：吹笛女乐人、吹排箫女乐人、双手捧盘女子、双手捧壶女子。西壁画面由北向南依次为残存头部、捧盘女子、捧黑色杯子女子、男子残像。南壁画面已脱落净尽。

151

古墓丹青

陵墓壁画

■ 唐代墓室壁画

■ 唐代李爽墓《托盘侍女图》

笏 古代大臣上朝拿着的手板，用玉、象牙或竹片制成，文武大臣朝见君王时，双手执笏以记录君命或旨意，亦可以将要对君王上奏的话记在笏板上，以防止遗忘。在我国道教中，朝板也是一种重要的法器。

甬道西壁画面由北向南依次为：女子、执笏躬身文吏，面部颧骨染一块红色。墓顶绘有日月、星辰、银河等。墓室壁画用彩绘，墓道壁画都用墨画。

乾陵是我国历史上唯一的女皇帝武则天与唐高宗李治的夫妻合葬陵。在陵园东南方向有17座陪葬墓，如懿德太子李重润、章怀太子李贤、永泰公主李仙蕙等五座墓，其墓室里的壁画更为清丽，达1200多平方米，内容丰富，反映了皇宫内的现实生活，气氛较浓，与宋以后脱离现实的文人画迥然不同。

在陪葬墓，壁画几乎布满了墓道和前后墓室的四壁及顶部，进入墓道仿佛到一个地下画廊。

永泰公主墓入口处以飞腾于流云中的青龙和白虎为首，后面紧随一组威武雄壮的仪卫队伍。左青龙、右白虎在这里不仅是吉祥的象征，还表示方位。在我国古代有"四神"之说，即青龙、白虎、朱雀和玄武，它们是用来象征天空的。

古人把星空划成了固定的区域。《史记·天宫书》里把星际天宇归纳成四大区域，即东宫、西宫、南宫、北宫，四宫分别以青龙、白虎、朱雀、玄武作为代表。这样，天空宇宙便通过"四神"的形象呈现在古人的脑海中。

　　仪仗出行图是这一时期唐墓壁画的重要题材。永泰公主墓东西两壁中就绘有30人的步行仪仗队。以东壁为例分为5组，每组6人，这种仪卫形式可能是模仿皇后仪仗中之诸卫，而超越了公主这一级的仪仗制度。

　　因为永泰公主于公元706年由洛阳迁来陪葬乾陵，其父李显已复位，在埋葬时格外优厚的实施了"号墓为陵"的埋葬制度。

　　前墓室东西两壁的宫女图，久享盛名，为人称道。整个画面绘有30个面色红润、身着宫装的唐代妇女，其中以东壁南侧的一幅宫女图最为精彩。左起第一人双手托着披巾，挺胸趋步前行，姿态雍容华贵，似为领导，嗣后宫女面相和神态各异，服饰与发式不同，分别捧盘执杯，抱物持扇或拿拂尘，或端蜡烛，由九人组成向同一方向徐徐行进的队列。

　　这是一些站立人物的排列，作者巧妙地利用空间的效果，给人物以正、背、转、侧的前

153

古墓丹青

陵墓壁画

■ 墓室壁画宫女图

唐代墓室壁画

后穿插，使她们左顾右盼，相互呼应。

整个画面显得丰富而有变化，又从不同角度画出人物默颔、凝视等神态，表现了宫廷婢仆所特有端庄、拘谨、豪华而空虚的外貌与心理特点。

这幅宫女图虽然没有故事情节，只是一群生活在宫廷里面侍奉主人被人呼唤的宫女奴婢，但画家还是通过高度美化的艺术构图，使这些美女荟萃一堂，流光溢彩而妖艳动人。

这些宫女莲步轻移，婀娜多姿，为整个墓室增添了美的氛围。其中端杯侍女头梳螺髻，面颊丰润，娥眉朱唇。袒胸，纱巾披绕双肩，长裙曳地，"S"形蜿转着窈窕的身姿，双手托高足杯，显出柔美的体形曲线，风韵殊艳，神采奕奕。

整个前后墓室，上圆像天，绘有日、月、星、辰，东边绘有一轮冉冉升腾的红日，下边衬托着连绵不断的群山和波涛汹涌的海水，红日内挺立着一只三足鸟；西面一轮清辉冷艳的明月高挂空中，月内隐约可见"桂树檐宫""玉兔捣杵""嫦娥起舞""吴刚酿酒"，给人以无尽的遐思。

在淡青色的顶部，还绘有许多小白点，是宇宙内星辰的代表。下方法地，绘有唐代建筑，体现了古代人们的"天圆地方"之说。

妇女形象，是唐墓壁画中的主要表现对象，处理不好，就会千篇一律。这幅宫女壁画并没有什么故事情节，然而，平淡的生活情节，一经画家巧妙构思，竟妙趣横生。

这幅壁画，无论是构图设计，还是形象塑造、勾线敷彩，均能代表唐代人物画的高度水平。画中这群风华正茂的女子，以其特有的风采，闪现着永恒的艺术魅力。

在懿德太子李重润墓，青龙、白虎北边绘有两幅阙楼仪仗图壁画，其阙楼宏伟高大，为三出阙，即一母阙、二子阙，天子用三出阙。三出阙是阙这种建筑物中等级最高的一种，表现出古代的等级，也是阙这种建筑发展到唐代的实物资料。

紧接着是仪仗队，此画以浓艳的色彩和工整的线描，表现出太子大朝时的仪仗场面。画上的将士身着盔甲，穿战袍，旌旗猎猎，鼓角阵阵，做行进状，可以看出分步队、骑队、车队3个部分，气势雄浑，场面博大，洋溢着激昂的旋律。

嫦娥 本称姮娥，我国神话人物、大羿之妻。因西汉时为避汉文帝刘恒的忌讳而改称嫦娥，又作常娥，神话中因偷食大羿自西王母处所盗得的不死药而奔月。民间多有其传说以及诗词歌赋流传。在道教中，嫦娥为月神，又称太阴星君。

古墓丹青

陵墓壁画

■ 唐代墓室壁画

唐代人物壁画

　　阙楼仪仗图背面的城墙构筑精细，可看清女墙、马面等，并陪衬以远山为背景，山上种植松柏，笔法细腻，在唐墓壁画中实属罕见。

　　在第一过洞东西壁上，各绘有四只神骏英武的豹子及牵豹武士，他们身穿黄袍，脚蹬长靴，左手牵豹，其中两人的腰际带有铁抓，当为驯豹工具，豹子朝前警望跨步疾走，长尾斜垂，给人一种凶猛桀骜之感，但驯豹人则显得悠闲自信，表明豹子已经训练有素，驯豹人胸有成竹。在人与人之间还绘有树木、山、石等，这就是蜚声世界的《八豹图》。

　　在第一、第二天井的东西壁上，绘有大型列戟图4架，每架12杆，戟头下有虎头小幡，幡下面有红色、绿色、黄色各色彩带。戟架前立两排仪仗队，每队12人。

　　唐代的列戟制度，表示爵位的高低，48杆戟的仪仗，在陕西境内还是首次发现，属帝王使用的仪卫。

　　狩猎活动在唐代贵族集团中非常盛行，他们在酒醉饭饱之余，常游猎逐兽山林，消遣射禽苑中，有时狩猎活动规模还很大。

　　表现狩猎出行绘于章怀太子墓墓道东边的《狩猎出行图》，画面上以古树青山为背景，由40多匹人马和2峰骆驼组成。前面以4匹奔马为先导，在一手持旌旗的骑者后面，数十骑人马前呼后拥，中间一骑高头白马的人物，神情严肃自若，可能是出行中的主人。这些强健的猎手佩弓带箭，架鹰携犬，气氛热烈，场面雄阔，生动地反映出墓主人出行的煊赫。

章怀太子墓的《打马球图》，气势壮阔，共有20多骑人马，骑马者均带幞头，腰间束带，黑靴。有的手执偃月形鞠仗。最前面的一个人，勒缰跃马，迅疾反转，举仗欲击飞球。其他几人驱马腾空，向前拼争。其后数十人各乘强壮的骏马，纵横驰骋，穿行在古树青山之间。画面以特有的语汇勾画出疾驰的马蹄，杖球的声响，激烈的气氛，逼真地再现了1000多年前马球运动的盛况。

绘于同一墓道的《观鸟扑蝉图》壁画，则反映了宫廷生活中的一个游园场景。一雍容华贵的妇人，一手挽巾，一手执金钗，抬头仰视飞鸟；一妙龄少女头梳双髻着男装，双袖飞扬，神情专注地欲扑打树上的鸣蝉；另一侍女双手托巾交叉胸前，表情沉静若有所思。

作者通过观鸟扑蝉的生动情节，描绘了3个不同性格特点的妇女形象。鸟的飞动，蝉的嘶鸣，举钗观鸟，甩袖扑蝉，静中取动，为画面增添了静动两相映衬的韵律感。

《礼宾图》

通过画匠的神来之笔，无论是3位宫女观鸟、扑蝉，还是伫立不动，仅凭不同的眼神与注视方向，就淋漓尽致地显露出她们正当青春年华，却幽居深宫的悲凉内心世界。

唐代长安是一个国际性大都市，当时外国使节、宾客纷至沓来，中外文化、经济交往十分频繁。《礼宾图》形象地记录了这一史实。

画面共有6人，左边3人为唐鸿胪寺官员，他们头戴笼冠，身着红色袍服，手执笏板，气度不凡，举止威仪，正侃侃商谈，接待友好宾客。第五人头戴羽冠，身穿红领袖白袍，腰束宽带，黄靴。据《旧唐书》有关日本、高丽的记载推断，似为日本或高丽使节，其他两人可能是东罗马使节和我国东北少数民族来宾。他们彬彬有礼，拱手静立，等待主人迎接。此画人物形象各具特点，勾勒精细，笔触酣畅，是一幅高水平的历史人物图卷。

乾陵陪葬墓中的壁画，是我国民族传统绘画的基本形式之一。这些墓壁画的出现，闪耀着唐代工匠们的智慧才华，不仅是人们了解当时社会政治、经济、军事、文化、外交的窗口，而且能使今人直接观赏唐代绘画之妙，感受唐代绘画之美。

古代壁画与古墓丹青

阅读链接

以西安帝王陵和陪葬墓为中心的壁画墓，虽然壁画绘制未必出自名家之手，但从绘制的技艺来看，很多皇族外戚、高官显贵的墓葬壁画也并非泛泛之笔，年代完整而系统的古墓壁画，展示了这一时期匠师们在绘画上的总体水平。

当年陵墓壁画的匠师们追慕时尚，因而能够印证像阎立本、吴道子、张萱、周昉、边鸾这些画坛名家的风格与技艺，填补了传世作品序列中的若干缺环，对于完整地重构古代绘画史具有重要意义。

构图严谨的辽阳墓群壁画

辽阳汉魏壁画墓始于1700多年前的汉末三国时期。当时诸侯割据，社会动荡，而公孙氏割据下的辽东郡则相对稳定，经济、文化发展较快，丧葬之风盛行。

辽阳在东汉魏晋时期为辽东郡，汉魏之际，公孙氏曾割据此地50年，其中一批大型的多室壁画墓，墓主都是当时割据辽东的公孙氏政权的显贵。

辽阳壁画墓群分布在辽宁辽阳北郊太子河两岸的棒台子、北园、三道壕、小青堆子、东

辽阳东汉壁画

■ 辽阳壁画宴饮图

台子、南台子等处，这些墓葬全部以石板构筑而成。

辽阳汉魏墓的形制和大小稍有差别，但结构基本相同。墓顶均有高大的方锥形封顶，墓室均用石板建造。大墓长达8米，宽6米多，高2米左右；小墓长宽在3米至5米之间。一般由墓门、棺室、前廊、左右耳室等部分组成。

大墓有回廊。墓室平面多为"工"字形、"T"字形。各墓除有许多殉葬遗物外，墓室四壁上，都有彩色壁画，内容丰富多彩，形象生动，绘有车骑仪仗、宴饮、乐舞、百戏、斗鸡、仓廪和庖厨等图。

还有守门武士和连壁流云等画面。有的画面上有题字，如"季春之月汉""魏令支令张""议曹橡""小府史""公孙夫人""大婢长乐"等。

壁画的构图严谨，形象生动，色彩鲜艳，为了解当时辽东地区贵族豪门的经济、文化、生活等方面提供了珍贵实物材料。

壁画直接绘在墓内石壁上，墓门两侧、前廊或回廊、耳室及墓室顶部绘有壁画。既有几壁相连的大作，也有独立成幅的小品。壁画多用墨线勾勒，涂以青、黄、赭、朱、白等颜色，形象地反映了汉晋时代豪门大族的奢侈生活场景。

辽阳壁画墓群大致可归纳为以下7类：

一是表现墓主庄园中生产活动场面的农耕、桑园、放牧、射猎等。

二是表现墓主仕途经历和身份的车骑出行、任职治所、属吏、幕府以及坞壁等。

三是表现墓主享乐生活的宴饮、乐舞百戏等。

四是宣扬儒家伦理道德、强调人身依附关系的经史故事，如孔子、老子、周公之类的古代圣贤，荆轲、伍子胥之类的忠臣义士，丁兰、秋胡妻之类的烈女等。

五是神话故事，主要有东王公、西王母、伏羲、女娲一类仙人和表现天上世界的仙禽神兽。

东王公 又称"木公"、"东华帝君"，原为我国古代神话中的男神，溯源可追至战国时期，当时楚地信仰"东皇太一"神，又称"东君"，即为神化了的太阳神，称为太阳星君，此为东王公之前身。后经道教增饰奉为男仙领袖，南、北二宗则奉为始祖。

■ 辽阳壁画车马图

辽阳壁画门吏图

六是在天人感应论的影响下所产生的祥瑞图，如麒麟、芝草、神鼎等。

七是天象，如日、月、星宿、云气和象征四方星座的四神，青龙、白虎、朱雀、玄武等。

各类内容在墓中的分布，一般是前四类内容绘于前、中、后室或耳室，后3类内容绘于墓室顶部和墓门。

壁画《家居宴饮图》，堂上朱幕高悬，夫妇对坐宴饮，杯盘前列，三五个奴婢打扇传食，服侍左右，生动逼真地表现出豪门之家宴饮生活的场面。

大青堆子墓的《骑吏仪仗图》，最能反映权贵们车骑出行的豪华场面。全队人员172名，马127匹，车10辆，场面宏大。那种连骑结队、路断行人的煊赫气势，俨然一幅帝王出行图。壁画直接描绘在石板上，墨线勾勒后，平涂朱色。

《庖厨图》有繁有简。最繁的一幅画面上有23人在为主人准备饮食，绘有宰猪、锥牛、解兽、褪鸭、切肉、炙燔、舂粮、沥汁、汲水、添薪、涤器等一系列繁忙的劳作，食物中有十多种山珍海味，如实地再现了汉晋时代社会生活的一些细节。

壁画中最令人叫绝的是《舞乐杂技图》。它分左右两幅，共有49人登场，在咚咚鼓声和管弦乐队的演奏中，杂技艺人载歌载舞，各献绝技，节目惊险动人，充分表现出我国古代杂技的成就之高。

辽阳壁画墓群以毛笔为主要绘画工具，使用朱、绿、黄、橙、紫等色调的矿物质颜料，因而壁画色彩历久不变，发掘时一般都很鲜艳。

造型手法上继承春秋晚期以来的写实夸张传统，在绘制技巧上，发展了战国至西汉早期宫廷壁画和帛画上所见的墨线勾勒轮廓再平涂施色的手法。

前期技法还比较单一，到东汉晚期，出现了大笔涂刷的写意法、没骨法、白描法等技法，有的画面如望都1号墓的人物还使用了渲染法。

在构图上，它已摆脱了春秋晚期以来呆板的图案样式，更注意讲求比例和透视关系。这些成就，为我国绘画的成熟奠定了基础。

辽阳汉墓群壁画之所以盛行，主要是治国者提倡孝道和厚葬，产生视死如视生的思想。特别是东汉时期实行察举孝廉的制度，是人们踏上仕途的必经之

没骨法 国画术语。直接用彩色作画，不用墨笔立骨的技法。分山水没骨和花鸟没骨两种，相传最初由南朝张僧繇创始，而没骨花鸟传为北宋徐崇嗣所创，实应真正始于清恽寿平年间。这种画法打破了前代习用的"勾花点叶"法，以彩笔取代墨笔，直接挥抒，从而产生了一种全新的时代风格。

■ 汉墓《门卫图》壁画

辽阳壁画

路。因此，厚葬之风愈演愈烈。很多人竭家所有，为父母或自己修建坟墓，在模拟生人居住的地下墓室壁面上，大量绘制表现生前权势、威仪和财富的生活及历史神异形象，以期获得孝子的声誉，有利于仕途。这也是汉墓壁画盛行的社会根源所在。

辽阳汉墓群壁画自身的艺术价值，丰富了东汉晚期至魏晋时期的绘画艺术史。这些一千六七百年前的壁画内容丰富，色彩鲜艳，是古代现实主义的杰出作品，有着极高的历史、艺术及科学价值。

阅读链接

古墓壁画是我国最为古老的墓室装饰之一，自汉朝崛起，经过唐代的发展，直到宋朝以后逐渐衰退。自汉至唐，墓室壁画可谓经历了极大发展。

就辽阳壁画墓群壁画而言，它比较全面地反映了辽阳地区的经济文化发展状况，有着重要的史料价值。我国历史文献中记载的辽阳经济、文化发展状况较少，而辽阳壁画墓在一定程度上弥补了这一不足。壁画以表现墓主人的经历和生活题材为主，是研究汉魏时期政治、经济、文化等方面不可多得的资料。